港式西洋風

六十年代香港樂隊潮流

李信佳 著

中華書局

獻給我的一對寶貝仔

推薦序 1

這是一本十分重要的出版物，因為此書記載了香港六十年代年輕人的文創歷史。他們在建立青年文化及流行文化、身份認同和香港意識；他們由模仿開始，然後勇敢尋找自我風格，為創意和夢想踏出了一大步。

青春、反叛、摩登、時髦等意念，從思潮到作品到打扮，皆以劃時代般的力量，留下多彩多變的片段。

雖然當時媒體和科技沒有今日的先進，但社會的多元文化包容性以及追上世界潮流的敏銳性也極強。這些英文主導的「本地」歐西流行曲，並沒有與粵語片體系的華語音樂對立，正好反映當時社會對融合西方時尚文化的開放態度，而且，由不同國籍人士組成的樂隊，也提醒了香港本身就是一個由不同種族組成的混雜城市。

重新或全新認識這些年月，我們不難發現，當中有不少開路先鋒，由追趕潮流，然後落地生根，茁壯成長為文化，孕育了新世代的音樂語言和符號。其中很多大家熟悉的名字，例如 Teddy Robin and The Playboys、Sameul Hui and The Lotus、Joe Junior、The Mystics 等，不單是當時紅透半邊天的樂手和歌星，一些音樂推手如 Uncle Ray、Lal，乃至及後一些音樂行政人員如鄭東漢和馮添枝等，都源於這一段夾 band 歲月。

換言之，這段歷史在香港的流行音樂發展歷程上，絕對是舉足輕重的分水嶺。難得本書找來箇中重量級人物詳盡憶述，令讀者更立體地重遊當時的 Hong Kong Pop Sounds。

黃志淙

推 薦 序 2

去年八月底，見到一冊內地談香港流行音樂的書本，其中一個章節，作者閉門造車地大談香港六十年代的樂隊潮流之史事，結果自是以偏概全，對此甚是不忿，更深怕謬種流傳。因而在報上的專欄寫了一篇文字，標題為〈等一本書〉，所要等的，就是一本這樣的書：仔細誌記六十年代美好的千 band 齊鳴歲月。

在那篇文章中，筆者提到「上世紀的香港，在大眾音樂文化方面有過兩次極重要的熱潮，一次是 1930 年代的音樂社熱潮，為四五十年代的香港輸送了不少音樂與電影方面的人才；一次就是 1960 年代的夾 band 熱潮，為七八十年代的香港輸送了不少音樂與影視方面的人才。三十年代的那次熱潮，筆者竭盡綿力，在拙著《原創先鋒》中勾勒描摹過其概貌。但要概說六十年代的夾 band 熱潮，並非筆者強項……衷心期望，一本關於六十年代本地樂壇夾 band 盛況的專著，在不久將來便能面世！」

文章見報後不久，筆者才知道，原來已有有心人在辛勤編寫，亦已有出版社願將此稿付梓成書，真是大喜過望！

近日更獲機會得以先睹為快，把排好版的《港式西洋風》書稿通讀過一次，覺得它的內容充實，多項資料編排得次序井然，非常便於閱讀查考，讀後很輕易便對當時樂隊潮流之盛況有很立體的認知，是極難得的本土流行音樂歷史專著！此外，書中還訪問了幾位當年潮流的「弄潮兒」，包括馮添枝、泰迪羅賓、Joe Junior 及曾與羅文一起夾過 band 的 Willy Han，這些訪問，可幫助讀者從另一些角度去認識六十年代那一次潮流，為何而盛，為何而衰。

近年，本土的大眾文化歷史，深受很多年青人關注，但在大眾音樂文化方面，一般的眼界還只是限於七八十年代。而這也可能是因為我們很缺乏關於年代更早的流行音樂史的著作，尤其是有關六十年代香港樂隊潮流的歷史。現在，李信佳兄這本《港式西洋風》，完全填補了這一段重要歷史的空白，相信讀者憑藉此書，歷史眼界會大大拓展！

黃志華

寫於 2016 年 3 月下旬

推薦序 3

親愛的讀者們：

我的名字是韓仁義，英文名 Willy。恭喜大家擁有和開始閱讀這本《港式西洋風——六十年代香港樂隊潮流》。

這是香港歷史上一個獨特的音樂現象，是香港歷史的一部分。

歷史對於我們是重要的。歷史的重要性在於它是我們生命中不可或缺的，而且無處不在。它存在我們當中亦在我們四週。它在我們的當下更影響着我們的夢想。再者，歷史構成我們的特質和對世界的觀點。

所以，我很感謝作者願意花時間和努力去記錄這一段生氣勃勃和獨一無二的六七十年代香港流行音樂現象。

香港的獨特性源於人們對西方流行音樂的詮釋。它對於我有深遠的影響，直到現在我閉起雙眼，也會浮現起當年 Samuel Hui 和 Anders Nelsson 在台上演出的情況。那時候實在有太多出色的音樂人，恕我無法一一羅列，不過大家可以在這本書中發掘得到。

數以百計的樂隊在這個時代組成，他們演出、解散再演化成為一個大眾可以享受和親近的文化。

那年代香港流行音樂的另一面是中文歌曲。直到今時今日，有一首我小時候聽過的中文歌仍不時浮現在我腦海中。這是我聽過的一個廣播劇主題曲，有關被一面牆分隔開的一對男女的相戀的故事。

我問你想什麼，你總不對我說，
你要是愛薔薇，那怕薔薇刺多。

歌的旋律和曲調令我有一種很舒服的感覺，好像老朋友一樣。這就是我的香港音樂。

我相信香港六七十年代流行音樂的成功，有賴於當時自由和經濟平等的環境基礎。這種毫無保留的自由和經濟環境讓人們比較容易花費得起去支持這香港的獨一無二的音樂。

多謝作者為這段百花齊放的時代作記錄，讓它們不死的流傳下來。我期望讀者們可以從以往的經驗得到充實，更期待有朝一日重現這黃金年代。

最後，我想藉着詩人 William Wordsworth 的〈不朽〉（*Ode : Imitations of Immortality*）的其中一段，來表達我作為這個音樂時代的其中一分子的感覺：

What though the radiance which was once so bright
Be now for ever taken from my sight,
Though nothing can bring back the hour
Of splendour in the grass, of glory in the flower;
We will grieve not, rather find
Strength in what remains behind.

（中譯）
盡管那些曾經的燦爛光輝
已永遠從我眼中消退，
盡管沒有什麼能夠重現
鮮花和青草中的榮耀流年，
我們並不為此悲傷，而是繼續探尋
某種活力，在殘存的往昔中。

Willy Zung Nee Han 韓仁義
寫於美國伊利諾伊州伍德里奇

（按：本序原以英文書寫。韓仁義為前 Roman & The Four Steps 低音結他手）

自 序

八十年代末我就讀初中時，香港正值樂隊潮流的興起；之前我認識的歌手都是張國榮、譚詠麟、梅艷芳等等，Band Sound 對於我來說是完全不同的東西。藉由當時的 Beyond、達明一派、Radias、太極等樂隊組合，讓我開始進入 Band Sound 的世界。

到九十年代，樂隊潮流式微，我受不了那種專為卡拉 OK 而作，千篇一律的廣東歌。除了一直追隨的 Beyond，大部分時間都是聽外國的流行音樂。九十年代中香港有不少獨立樂隊冒起頭來，如 Martyr、AMK、....Huh!?、Anodize 等，電台更有《豁達音樂天空》等專門播放 Band Sound 的節目。我曾一度以為香港樂隊狂熱會再來，最後都只有失望。

我第一張購買的六十年代香港樂隊唱片屬於 Teddy Robin & The Playboys 的。那是大概 1994 年左右，我在信和中心一間舊唱片店中見到一張封面很特別的舊唱片，正是 Teddy Robin & The Playboys 的大碟《Breakthrough》。那時我對 Teddy Robin & The Playboys 也略有所聞，但我沒有看過或者聽過他們任何唱片。由於唱片的 Condition 不錯，再加上價錢相宜，我二話不說便買了下來。由此，我便踏上了蒐集六十年代香港樂隊舊唱片的不歸路。

九十年代正值香港的移民潮，很多人對香港的前途沒有信心，因此也有不少在港工作的外國人員決定回到他們自己的國家去。這些移民的人放棄和變賣了不少家中的舊東西，令當時有不少舊唱片回流市面，我的收藏也主要是在九十年代找到的，亦幸好我當時狠狠地買了下來，現在這些唱片都很難找了。說真的，雖然六十年代香港興起了樂隊潮流，不過支持他們的主要都是當年的「番書仔」，或是一班家境較好的年青人，以至是在港工作的外國人子女，一般年青人其實都沒有能力購買唱片，多數只在涼茶舖聽收音機。因此，能留到今時今日的本地樂隊的舊唱片不是太多，而且很多狀況都不太理想。聽說以前的人喜歡用手提唱盤，以便帶到不同的 party 播放，所以不少留下來的唱片都嚴重刮花。

記得多年前我在旺角一間舊唱片店（已結業）找唱片，當時有一位中年客人，他聽到我在找 Joe Junior 的唱片，便對我說：「為什麼找 Joe Junior 的唱片呢？你不知道 Joe Junior 是抄 Cliff Richard 的嗎？不如直接聽 Cliff Richard 吧！」我記不起當時是如何回答他了，總之我沒有和他爭論。也曾經有人對我說 Teddy Robin 不懂唱歌，是「雞仔聲」等等。六十年代香港樂隊的技術的確大多還未成熟，不過我就是喜歡這種粗糙的感覺。當年不少 Diamond（鑽石唱片公司）旗下的樂隊，其成員還是學生，音樂簡簡單單，卻是誠意十足，這都是六十年代本地音樂吸引和感動我之處。雖然很多是翻唱自外國的音樂，但經他們重新演繹，往往有意想不到的驚喜，或許這就是所謂的本土情懷吧！

我覺得六十年代的香港樂隊有一種很獨特的氣質，這種氣質深深吸引着我。看着六十年代的唱片封套，你會感受到那種朝氣和活力，透過他們的音樂，看到對美好將來的一種期盼。藉着樂隊潮流，流行音樂變成了一種讓年青人可以真真正正直接參與其中的音樂。

我開始聽六十年代樂隊的音樂時，互聯網還未流行，所以對那些樂隊所知甚少，感覺他們像是被人遺忘了一樣。九十年代流行音樂雜誌

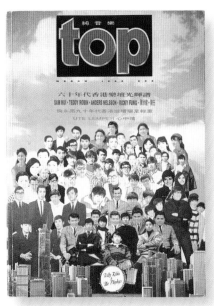

《top》（已停刊）曾經做過一個詳盡的六十年代樂隊潮流特輯，那是相當珍貴而有用的參考資料。到後來互聯網流行，我開始在網上撰文，介紹有關自己收藏的唱片，亦透過網上平台結識了一些同樣喜歡六十年代音樂的網友和資深歌迷，大大擴闊了我對那時代的音樂知識。

九十年代流行音樂雜誌《top》。這一期「六十年代香港樂壇光輝譜」專題，直接啟發了筆者對六十年代樂隊的鍾愛。

此外，我亦藉着 ebay 等外國拍賣網站搜羅舊唱片，同時也驚訝地發現外國也有收藏家專門收集東南亞地區的樂隊唱片，他們把這些六十年代的樂隊歸類為 Garage Rock（倉庫搖滾），更有獨立唱片公司意想不到地收錄本地樂隊例如 Teddy Robin & The Playboys 的歌曲在他們的精選專輯中[1]，似乎，外國人比我們更懂得欣賞這些音樂。喜歡在 ebay 淘碟的人可能都聽過 Hans Pokora 的大名，他寫了一系列 Record Collector Dreams 的書，詳列世界各地的罕有黑膠唱片。筆者未有機會拜讀 Hans Pokora 的書，但聽說有些香港樂隊，例如 Teddy Robin 的唱片在他的書中也榜上有名。

近年有唱片公司推出六十年代音樂的精選合輯，買不到絕版黑膠的樂迷，也可透過這些精選 CD，重溫本地經典。

1. 《Various — Project Blue Volume 4》。見 http://www.discogs.com/Various-Project-Blue-Volume-04-Diamonds-From-The-East-60s-Lost-Punk-Gems-From-Hong-Kong-Bands/release/4034875。

收藏黑膠唱片相當有趣味，當中又充滿學問。例如早期鑽石唱片公司推出的黑膠大碟有 Mono 和 Stereo 之分，Mono 的大碟編號為「LP」開頭，Stereo 編號為為「SLP」開頭。由於六十年代初甚少人有立體聲的音響設備，Stereo 版的產量比 Mono 版少得多。到現在，一張早期鑽石唱片公司出版的 Stereo 唱片二手價格，可以是 Mono 版的一倍以上。此外，鑽石唱片公司的唱片又有分頭版和再版，頭版唱片的片芯是深啡色的，再版唱片的片芯是黑色的。音響發燒友說頭版唱片的音質比較好，不過筆者是「木耳」，未能聽得出太大的分別。近年黑膠唱片熱潮再次興起，連帶本來已經十分罕有的樂隊舊唱片價格急升，品相好又珍貴的唱片動輒過千，這都是我始料不及的。

話題有點扯遠了，多年來我有感坊間有關六十年代本地樂隊的資料十分貧乏，一直希望整理這些歷史資料並結集成書，實在很感謝中華書局（香港）有限公司給我這個難能可貴的機會。

這本書能夠完成，實在要感謝很多人（排名不分先後）：包括 Joe Junior、Lal Dayaram、Frederick Chan、Teddy Robin、Ricky Fung、Willy Han、黃志淙、黃志華、中華書局的 Danny Leung、環球唱片公司的 Danny Chu、Muzikland、鄭發明、Francis Wong、Marianne Fung、Nelson Kwok、Edward So、Marco Kwan、Michael 叔叔、Peter Wong、Sam Lee、Stanley Lai、Terry Ip、Felix Shu、Norman Lau 等等。

最後，當然要多謝我太太。

由於年代久遠，部分資料難以考證和蒐集，如有錯漏，懇望各方友好提點指正。

李信佳

目 錄

六十年代樂隊潮流興衰

話說

西洋風颳起

THE 60'S TREND

跳舞風潮在六十年代盛行。
圖為麗的映聲音樂節目《Sound Beat》的一幕。

有人說，六十年代是屬於年青人的年代。
六十年代的香港樂壇就好像年青人一樣，充滿生氣。
在回顧當年樂隊潮流興盛之前，
讓我們先看看西洋風的種子如何散播到香港的流行音樂土壤之中。

五十年代香港主流音樂：
國語時代曲

四十年代末，中國政局動盪，大量難民由內地逃難到香港。這批離鄉別井的新移民當中，包括少不了上海頂尖的歌星和音樂人，例如歌星姚莉、張露，影星白光、龔秋霞、李麗華，作曲家李厚襄、姚敏，作詞家李雋青、陳蝶衣等等，他們都選擇南遷到港發展。早於 1940 年末，香港已有「大長城唱片」承接多位上海歌影紅星，為他們灌錄唱片；1952 年底，上海百代在香港成立分公司，這些南移的舊將紛紛投效，傳承了海派的國語時代曲，成為當時香港的主流音樂。百代紮根香港之後，迅速成為最大的唱片公司，幾乎壟斷和主導了整個香港國語時代曲的市場[1]。

粵語歌曲方面，其實早在三四十年代，香港已有粵語唱片出版。五十年代，和聲唱片公司為呂紅、周聰、何大傻、朱老丁、白英（即鄧白英）等等出版的一系列唱片，被視為香港最早期的粵語流行歌。然而，粵語歌的受歡迎程度遠遠及不上國語時代曲。事實上，五十年代的香港人口揉合了不同籍貫的國內移民，當時仍有部分人只懂說自己的家鄉方言，不懂廣東話。較有學識之士，也多以國語為正統，粵語為次一等的方言。在學校裏，說的是廣東話，寫的卻是以國語為根本的文章，廣東話被視為通俗的、口語的、粗鄙的[2]。可見當時粵語或廣東歌在香港的地位都比較低，部分出版粵語唱片的香港唱片公司更是把市場放在星馬等地。和百代相比，本地唱片公司無論在規模、歌手陣容以至市場上都難望其項背。

---

1. 黃奇智：《時代曲的流光歲月》，三聯書店 (香港) 有限公司，2000 年，頁 30。
2. 冼玉儀：《六十年代歷史概覽——香港六十年代》，香港藝術中心，1995 年，頁 80。

左圖為歌書《OK Hit Songs》（1959 年出版），書中收錄了大量歐西流行曲歌詞。這類歌書多以年青人為對象，在五六十年代的書報攤十分常見。右圖為音樂雜誌《Pop 歌迷俱樂部》第 8 期，以 Cliff Richard 大頭作封面，內有披頭四專輯、Samuel Hui（許冠傑）專訪等，估計出版年份為六十年代中期。

歌舞電影大行其道

五十年代，香港電影事業也開始有長足的發展，部分影片模仿西方電影橋段，中間加插跳舞或唱歌情節，因此出現了大量電影插曲。那時有所謂的「七日鮮電影」，是指那些由開拍到完成只花了一星期時間的作品，大多屬於粗製濫造。在龐大需求之下，電影公司根本沒有時間和人才去花太多心思在電影配樂方面，唯有把一些傳統粵曲和小調填上新詞，亦開始陸續出現一些英文改編歌。1959 年電影《兩傻遊地獄》中，由鄧寄塵、李寶瑩及鄭君綿合唱的〈飛哥跌落坑渠〉，就是改編自 Frank Sinatra 的〈Three Coins in the Fountain〉。

除了粵語片，國語電影亦同時受到荷里活影響，興起了青春歌舞片。葛蘭為電懋演出的電影可謂當中的表表者，例如 1957 年的《曼波女郎》、1959 年的《青春兒女》、1960 年的《野玫瑰之戀》等等，電影中的歌曲風格帶有濃厚的西方音樂色彩。《野玫瑰之戀》中的〈卡門〉（改編自古典音樂）、〈同情心〉、〈說不出的快活〉，雖說是國語時代曲，風格上已是吸取很多西方音樂的養份。

跳舞風潮
造就樂隊演奏機會

在歌舞電影推波助瀾之下，五六十年代的跳舞熱潮不斷升溫；在六十年代樂隊風潮中突圍而出的女歌手 Irene Ryder，在成名前就曾經於 1966 年參加 Miss A-Go-Go 比賽獲得亞軍。跳舞風氣間接為許多樂隊造就現場表演的機會，例如學校舉辦的舞會、綜藝晚

會、派對等等，讓他們得到磨練。一些技術好或者有名氣的樂隊，更會獲得酒店邀聘，在下午的 Tea Dance 時段演出，或者在 Night Club 表演。當時較有名的酒吧例如 Purple Onion、Firecracker、In-Place 等等都有本地樂隊駐場演出。

此時夜總會、酒吧等娛樂場所亦開始流行，當中不少會聘請菲律賓樂隊作現場表演，他們主要演奏歐西流行曲和跳舞音樂為主。五六十年代香港的著名樂隊領班和音樂人當中，有好幾位都是菲律賓人，例如 Lobing Samson（即「蕭王」洛平）、Fred Carpio（即杜麗莎父親）、Vic Cristobal（葛士培）、Tino Gatchalian、Lita Mendoza 等等。這批出色的音樂人後來都有參與唱片指揮或編製音樂，為原先以粵曲和小調為主的粵語歌，滲入西方跳舞音樂的元素，例如 Swing、Cha Cha、Samba、Waltz、Jazz 之類。

崇尚西方文化
的戰後新生代

至六十年代，戰後新生代開始長大，無論思想和口味都和上一輩有很大分別。他們追求時髦，崇尚西方文化思想。尤其是那些就讀英文書院的年青人（俗稱「番書仔」），不少都成為外國音樂和電影的追隨者；傳統的國語時代曲、粵曲以至呂紅、周聰等等的廣東歌，在他們眼中難免顯得過時、老套。隨着體積輕便的原子粒收音機開始普及，電台節目逐漸成為年青人之中最有影響力的媒介。著名 DJ Ray Cordeiro（郭利民，即 Uncle Ray）在六十年代主持的香港電台點唱節目《Lucky Dip》已經大播歐西流行曲，此外還有 Darryl Patton、Tony Orchez、Bob Williams、Mike Souza、嘉蓮等都是當時十分受歡迎的 DJ（那時還未流行叫 DJ，一般稱呼為播音員）。在他們的節目大力推廣下，貓王 Elvis Presley、金童子 Cliff Richard、Pat Boone、Johnny Mathis、Patti Page 等等紅遍歐美的歌手都成為「番書仔」們的新偶像。此外還有 Ventures、Shadows、Herman's Hermits 等搖滾樂隊的作品，都深深烙印在年青人的心坎中。

和聲唱片在六十年代出版的跳舞音樂唱片：《東西合璧》。封面上的中式漁船和背後的西式高樓大廈成強烈對比。

鑽石唱片公司的冒起

與此同時，一間對香港樂隊潮流和日後樂壇影響深遠的唱片公司在五十年代成立，那就是鑽石唱片公司（Diamond Music Company），即寶麗金唱片公司的前身。Diamond 早期以代理外國進口唱片和製作本地英文唱片市場為主。1960 年，Diamond 為江玲推出的第一張專輯《Hong Kong Presents Off-Beat Cha Cha》，把部分英文歌詞改為中文唱出，這種亦中亦英的演繹，一洗國語時代曲的「陳套」，令人耳目一新，得到廣大樂迷的受落。唱片公司食髓知味，再推出幾張類似風格的唱片，例如方逸華的《Mona Fong Meets Carding Cruz》（《方逸華與 OB 喳喳》）、潘迪華的《Pan Wan Ching Sings The Four Seasons》，以至江玲和其伴奏樂隊 The Fabulous Echoes（回音樂隊）的《Dynamite!》，統統大受樂迷歡迎。隨後，Diamond 索性為 Fabulous Echoes 獨立出版專輯，後者演唱的〈A Little Bit of Soup〉、〈Dancing on the Moon〉都成為當時電台熱播的歌曲。

同一時間，Diamond 亦開始為其他樂隊組合推出唱片，包括有 Uncle Ray 當鼓手的 The Satellites、Hi-Jacks、Giancarlo & Italian Combo 等等，這些可說是本地最早期的樂隊。

有「香港甜心」之稱的江玲，在 Diamond 推出第一張大碟《Hong Kong Presents Off-Beat Cha Cha》。

新晉樂隊的踏腳石：歌唱比賽

另一方面，星島報業在 1960 年起開始舉辦「全港公開業餘歌唱比賽」，並由麗的呼聲轉播，為年青人提供了一個大展歌喉的機會。隨後，英文報章《星報》（Star）亦舉辦 Talent Quest 音樂比賽，此外還有可口可樂主辦的業餘音樂天才比賽 (Amateur Talent Time) 及其他公開比賽。這些音樂比賽都成為不少新晉歌手或樂隊成名的踏腳石；六十年代有名的本地樂隊當中，很多都是藉着參加這些比賽而得到唱片公司賞識。此外，大家熟悉的杜麗莎（Teresa Carpio）、露雲娜（Rowena Cortes）、周梁淑怡、蕭亮、辛尼哥哥（黃汝燊）以至黃霑都曾經參加過這些音樂比賽。

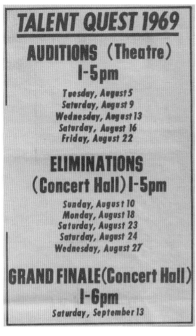

披頭四狂熱

1964 年 6 月 8 日，The Beatles 來港在樂宮戲院演出，過千名熱情的歌迷在啟德機場守候。早期的「Band 仔」普遍被長輩視為「飛仔」，而作為「Band 仔」界的標竿人物，Beatles 於面對本港傳媒時態度輕佻，不甚合作，傳統報章遂對 Beatles 大肆批評，稱呼他們為「狂人樂隊」。當時一名新加坡歌手上官流雲把幾首 Beatles 的歌改編為粵語歌〈行快 D 啦〉（改編自〈Can't Buy Me Love〉），〈一心想玉人〉（改編自〈I saw her standing there〉），其中前者歌詞對 Beatles 極盡嘲諷，殊不知在香港卻成為大熱歌曲。

相比起世界其他地區，Beatlemania（披頭四狂熱）在香港可能算是比較溫和，畢竟當時港幣 75 元的昂貴門券並非一般年青人可以負擔。然而，伴隨着電台節目推波助瀾、跳舞風潮盛行、唱片公司銳意開拓新市場，以至戰後新生代對西方文化趨之若鶩……，這次 Beatles 訪港成為香港流行音樂史上一個重要的轉捩點——成功點燃了香港的樂隊潮流，一發不可收拾。年輕人衝破藩籬，紛紛仿傚，本地樂隊的組成有如雨後春筍，百花齊放。

六十年代 The Beatles 紅透半邊天，但並非人人接受，更引起不少社會人士的搖頭嘆息。「……自從狂人樂隊誕生後，位於南中國海岸的香港，也遭到狂風感染。香港是個極洋化的繁榮都市，生活中人們爭相採用舶來物品，尤其那些頭腦洋化的年青男女，讀的多是番書，看的是占士邦與吸血疆屍這類電影，而聽的則是最流行的歐西音樂，跳的是什麼 Shake、大溪地扭腰舞等，外國的種種享受就此麻醉了他們的思想，把現實置之腦後，大有及時行樂之感矣！」（Bury Chan 著：《榮譽與勳銜》，友聲出版社，1965 年）

《行快 D 啦．一心想玉人》的細碟唱片。原唱者是新加坡歌手上官流雲，但這封套寫上「顧耶魯唱」。推斷為翻版唱片。

在 1965 起這兩三年間，先後出版唱片的樂隊就多達數十隊，包括有：

● Anders Nelsson 的 Kontinentals 和 Inspiration
● 陳欣健的 Astro-Notes
● Teddy Robin & The Playboys
● Joe Junior 的 Zoundcrackers 和 Side-Effects
● Danny Diaz & The Checkmates
● Michael Remedios 和馮添枝的 Mystics
● Samuel Hui（許冠傑）的 Lotus
● 陳任的 Menace
● 羅文的 Roman & The Four Steps
● 李小龍胞弟 Robert Lee 和林振強的 Thunderbirds
● 威利的 Bar Six
● Christine Samson（洛詩婷）的 D 'Topnotes
● Mod East
● Blue Star Sisters 等等

ANDERS Nelson:
● "My manager has told me to change my image. I will do my best to do as I'm told next year."

MICHAEL Remedios:
● "I'm giving up smoking."

SAMUEL Hui:
● "I hope I can go on to University next year."

IRENE Ryder:
● "I never make New Year's resolutions because I know I won't keep them anyway."

JOE JR:
● "I will try to work harder in 1968 and try to please my fans as much as possible."

CHRIS Sayers (Mod East):
● "I hope I can improve my group and bring it up to the standard of the top local groups."

VASCO da Costa (Mystics):
● "I hope I can get more sleep next year."

TONY Tavares (Mystics):
● "I'm determined to write some more progressive songs in '68."

DAVID Tong (Side-Effects):
● "I'm going to be a good boy next year."

WALLACE Chow (Lotus):
● "I'm going to concentrate on my studies and make sure I pass my coming School Certificate Examinations."

DARRYL Patton:
● "My New Year's resolution is to save money. No matter how much I make I always spend it."

MIKE Souza (Commercial Radio teen disc Jockey):
● "I'm going to meditate more."

TEDDY Robin:
● "I'm going to do my best to find an original sound for the group and to write more songs."

JAMES Fong (Side-Effects):
● "I'm going all out to have fun next year."

RAYMOND Kwan (Playboys):
● "I'm going to eat less next year and take more exercise. I've got to slim down."

MARILYN Palmer:
● "I'm not making any public appearances next year unless the organisers make sure I have a band which will rehearse with me at least two weeks before the show. I don't want to let my fans down again."

DAVID Cheung (Lotus):
● "I want to improve my drumming."

RAY Cordeiro (Radio Hongkong)
● "I'm going to take more time to polish up my bowling."

麗的映聲的年青人音樂節目《Sound Beat》，由 Teddy Robin & The Playboys 主持。（圖中前排右一、右三至右六為 Teddy Robin & The Playboys；右二、左一為 Joe Jr. and the Side-Effects 的 Joe Jr. 及 Alex Tao；後排右一為《Sound Beat》總編導 Mark Chan）、右二為播音員 Darryl Patton、左一為 Marilyn Palmer。）

電視音樂節目：
《Sound Beat》及
《Star Show》

1967 和 1968 年稱得上是樂隊潮流的高峰。1967 年 11 月，無綫電視開台，邀請許冠傑的 The Lotus 和余杏美（Gidget Yu）主持音樂節目《Star Show》（《青年節目》），跟 Teddy Robin & The Playboys 在麗的映聲主持的《Sound Beat》分庭抗禮。麗的映聲的《Sound Beat》可說是本地首個年青人電視音樂節目，較無綫電視的《Star Show》要早出現。約 1968 年末，無綫電視高層鍾景輝挖角，找來 Teddy Robin & The Playboys 代替 Lotus 到《Star Show》任駐場樂隊，並由原來的半小時增至為一小時的節目，其時許冠傑仍然擔任節目主持；Teddy 在《Star Show》中邀請了很多本地樂隊上節目表演，例如 Magic Carpet（前身為 Mod East）以及溫拿樂隊前身、初出茅廬的 Loosers。《Star Show》極受年青人歡迎，曾於 1969 年奪無綫電視最高收視節目第二名，僅次於《歡樂今宵》。《Sound Beat》及《Star Show》成為了推動樂隊熱潮的重要電視節目。另一方面，Anders Nelson & The Inspiration、Teddy Robin & The Playboys、Joe Junior & The Side-Effects、The Lotus 等等都先後成立自己的 fan club，不時舉辦歌迷聚會或派對，一起載歌載舞。

Battle of the Sounds
音樂比賽

著名服裝品牌 Levi's 在 1968 年贊助的音樂比賽「利惠聲戰」（Battle of the Sounds），可算是樂隊潮流的高潮，比賽頭獎是環遊世界和獎金一萬元。最終 Teddy Robin & The Playboys 飲恨，屈居亞軍，冠軍是菲律賓人組成的樂隊 Danny Diaz & The Checkmates，季軍是 The Mystics[3]（馮添枝為主音結他手）。

---

3. 〈Pop Talk 披圖氏〉，載於《中國學生週報》853 期，1968 年 11 月 22 日。

由許冠傑領軍的 The Lotus 曾擔任無綫電視節目《Star Show》的駐場樂隊，跟麗的映聲的《Sound Beat》分庭抗禮。

粉飾太平的新潮舞會

值得一提是，轟動全港的六七暴動過後，港英政府採取「懷柔政策」，希望可以緩和市民不安的情緒；為疏導青少年過剩的精力，市政局破天荒在卜公碼頭天台花園舉辦「新潮舞會」，邀請當時得令的樂隊和歌手表演。第一次的新潮舞會在 1968 年 4 月 20 日晚舉行，入場券每張二元 [4]，表演隊伍就有 Teddy Robin & The Playboys 和陳任的 The Menace，足見本地樂隊的地位和影響力。

台灣國語歌熱播，樂隊時代終結

到 1969 年，樂隊熱潮漸漸冷卻。六十年代末曾經有一段短暫的時間吹起民歌風，市政局和 Diamond 唱片公司、In-Place 曾經合辦過一連兩天的「Pop Folk 香港青年音樂節」，但民歌始終未能成為大氣候。六十年代的「band 仔」當中，有部分是職業樂隊，亦有不少業餘樂隊的成員是學生，他們對音樂雖然抱有一腔熱誠，但所謂「本地樂壇」在那時候仍是處於剛剛起步的階段，前景不算明朗，對於夾 band，甚少人會想到可以作為終生事業。中學畢業以後，有人選擇到外國升學或移民，亦有人選擇到電台打工或者退居到唱片公司擔任幕後工作。在這青黃不接的時候，隨之而來的台灣國語歌反倒在香港捲起熱潮，姚蘇容、青山、謝雷、鄧麗君、楊燕等等的歌都在電台熱播。

踏入七十年代，樂隊組合寥寥可數，雖然溫拿算得上紅透半邊天，但樂隊潮流已經一去不返。隨着 1974 年顧嘉煇作曲的電視劇主題曲〈啼笑因緣〉及許冠傑〈鬼馬雙星〉的推出，香港樂壇的主流亦漸漸變成廣東歌的天下。◉

---

4. 《香港工商日報》，1968 年 4 月 3 日。

鑽石唱片公司推出的 Teddy Robin & The Playboys 精選唱片廣告。

說起六十年代的香港樂隊熱潮，
不得不提鑽石唱片公司（Diamond Music Company），
只因這家唱片公司幾乎囊括了六十年代大部分當紅本地樂隊。

Diamond 是由葡國人 Da Silva 在五十年代創辦的唱片公司，早期主要代理和出版英文唱片，當中如 Gary Miles、Linda Scott、Chubby Checker、Enoch Light and the Light Brigade 等外國歌手都有 Diamond Label 的唱片在香港推出。

Diamond 囊括當紅樂隊

到六十年代初，Diamond 開始出版本地歌手的英語唱片，例如江玲（Kong Ling）、潘迪華、Marilyn Palmer 等等。隨着 Da Silva 淡出，作為唱片公司經理的 Lal Dayaram 開始銳意發掘本地樂隊。由 The Fabulous Echoes 到之後的 Teddy Robin & The Playboys、The Lotus、Anders Nelson & Inspiration、Joe Junior、The Mystics、Astro-Notes、Mod East、The Menace、Danny Diaz & The checkmates、D'Topnotes 等當時得令的樂隊都收歸 Diamond 旗下。

Diamond 亦有為林潔（Kitty Lam）、麥韻、顧媚等出版國語專輯，也為呂紅推出粵語專輯，甚至為鄧寄塵推出過粵曲唱片〈經紀王夜祭阿飛〉，但他們主攻的仍是 Band Sound 和 English Pop 市場；除了從事出版業務，Diamond 在中環陸海通大廈亦設有門市，銷售自家出版和代理的外國唱片。

早期 Diamond 代理出版的 78 轉唱片。

這份 Diamond 的廣告預告 1968 年新唱片，內有 The Lotus、Joe Jr & The Side-Effects、The Mystics、Anders Nelson & The Inspiration 以及 Mod East 等當紅樂隊的名字，足見 Diamond 的樂壇勢力。

EMI 着重國語時代曲市場

相比 Diamond，EMI（百代）作為歷史最悠久的唱片公司，事業橫跨全球。EMI 前身是由 Emile Berliner 於 1897 年在英國成立的 The Gramophone Company。1931 年，The Gramophone Company 和 The Columbia Graphophone Company 合併成為 Electric and Musical Industries Ltd，簡稱 EMI[1]。

在上世紀二十年代，EMI 旗下的 Pathe — Marcont 在上海成立公司，「百代」就是 Pathe 的中文譯名。上海百代在五十年代遷移陣地到香港發展，至六十年代，開始染指本地英文歌市場，但礙於他們在國語時代曲市場的領導地位，對於本地樂隊和英文歌等新興市場的策略顯得比較被動、因循和保守。儘管他們也曾經為音樂比賽得獎者推出唱片，當中包括 1967 年業餘音樂天才比賽得獎樂隊 The Swinging Minstrels（樂隊成員之一是關正傑），以及 1968 年以年僅四歲之齡勇奪 Talent Quest 冠軍的露雲娜，但未見投放更多資源。事實上，百代出版的國語時代曲，除了香港之外，在星馬甚至世界各地的華人社區都叫好又叫座，實在難怪他們「偏心」。

EMI 旗下的樂隊歌手包括有 Irene Ryder、Roman & The Four Steps、Marilyn Palmer（早期簽約 Diamond）、Bar Six、Black Jacks、Reynettes、Thunderbirds、澳門樂隊 Thunders 和新加坡組合 The Quests 等等。

從這份雜誌廣告，可看到 EMI 曾經側重國語時代曲及代理外國唱片的市場策略。

1.　http://www.emimusic.com/about/history/

1967 年業餘音樂天才比賽得獎樂隊 The Swinging Minstrels，屬民歌組合，樂隊成員之一正是關正傑（上圖右）。EMI 其後推出音樂比賽得獎樂隊 EP：《Talent Time'67 Winners》，收錄了 The Swinging Minstrels 的作品（右圖）。

年僅四歲的露雲娜以 Desmond Mayne 的〈Very Very〉參賽，獲得 1968 年 Talent Quest 冠軍（見封套背面），EMI 也為這位冠軍得主推出 single 唱片。

Diamond 的創新和進取

六十年代的香港樂壇仍是處於剛發展的階段，不像今天的娛樂事業，有歌、影、視的多元化路向，也有報章、雜誌、電視台、互聯網等不同大眾媒體作報導；那時欠缺專業的市場策劃團隊、精密的商業計算，也不見藝人的形象顧問或發展藍圖，唱片公司對於那股新興的樂隊潮流，都是處於摸索階段。要推出不同音樂類型的唱片，背後往往帶有試驗性質。Diamond 這類本地唱片公司，勝在肯創新和嘗試，成功進佔了年青人的市場。

Diamond 勇於起用新人，大部分旗下樂隊歌手均是年青小伙子，甚至是學生，這在六十年代來說是相當大膽的。當年才二十歲出頭的 Norman Cheng（鄭東漢）其後更被賞識擔任唱片監製，事實証明 Diamond 管理層的眼光獨到，Norman 日後亦成為香港樂壇幕後的大旗手。

在歌曲創作上，雖然當時旗下樂隊大多唱 Cover Version，但選歌的主導權基本上還是由樂隊掌握的；另外，樂隊成員偶爾也會創作自己的作品，即使未臻完善，也都容許放在唱片發行。另一方面，當我們翻看 Teddy Robin & The Playboys 的唱片，會發現有幾張唱片封套都採用了 Teddy Robin 的畫作和設計，可見 Diamond 對旗下樂隊在藝術創作上給予很大的自由。

1965 年，Fabulous Echoes 和鄧寄塵合唱〈墨西哥女郎〉，演繹恢諧有趣，被歌迷奉為香港流行音樂中最經典的一次 Cross-Over，當中亦可見 Diamond 在音樂出版上的創意以及勇於嘗試的態度。據說這次破天荒的合作，是由 Diamond 的總監 Francis Silva-Krik（即 Da Silva 的女兒）所提出的。

相比起百代，Diamond 無論在宣傳手法和市場策略上都顯得比較創新和進取。Diamond 是香港最早出版本地流行樂隊唱片的公司，亦是最早讓旗下樂隊跟其他行業品牌合作宣傳和贊助的。例如 Fabulous Echoes 跟泛美（Pam Air）、Teddy Robin & The Playboys 跟天梭錶、The Corsairs 和福特汽車、Danny Diaz & The Checkmates 與 Newport 香煙等合作。

《鄧寄塵之歌》專輯內，鄧寄塵破天荒跟 The Fabulous Echoes 合作一曲〈墨西哥女郎〉。

鑽石唱片公司促成 Teddy Robin & The Playboys 成為天梭錶的「廣告代言人」。

另一方面，電台是當時普羅大眾接觸流行音樂的主要媒介。鑽石唱片公司就曾經為幾位主持電台英文節目的 DJ 推出唱片，例如 Tony Orchez、Tony Myatt 和 Darryl Patton 等。當中好幾張唱片都找來鑽石唱片公司旗下的組合作伴奏樂隊，這是唱片公司宣傳策略的聰明一着──一方面可以藉着這些 DJ 提高樂隊的知名度，另一方面和電台 DJ 建立緊密的良好關係，亦有助推廣其他新出版的唱片。

經歷半世紀終成一家

踏入 1970 年，鑽石唱片公司被德國的寶麗多（Polydor）收購。1978 年，Philips（飛利浦）投資的唱片公司 Phonogram 與 Polydor 結合，名字各取一半，正式易名 Polygram，即「寶麗金」。寶麗金在八十年代捧紅了不少對香港樂壇極有影響力的歌手，例如譚詠麟、張學友、李克勤、陳慧嫻、周慧敏等等。1995 年，加拿大 Seagram 收購了 MCA，於 1998 年再收購寶麗金，成為現時的環球唱片（Universal Music Group）。及至 2011 年，環球唱片以 19 億美元併購 EMI。經歷了半個世紀，Diamond 與 EMI 最終成為一家。◎

本地樂隊引路人

樂壇教父
UNCLE RAY

六十年代適逢 The Beatles 訪港演出，加上戰後新生代長大，
香港趕上了這一趟全球性的樂隊熱潮。
在這股熱潮背後，其實有一位重量級的旗手在背後推波助瀾，
令到這些充滿生命力的音樂得以在香港綻放光芒。
這位大旗手就是我們熟悉的「樂壇教父」Uncle Ray。

數次親訪 The Beatles

Uncle Ray 是葡籍人，全名是 Reinaldo Maria Cordeiro，中文名郭利民，聖若瑟書院畢業。二十多歲時任職匯豐銀行文員，1949 年加入麗的呼聲任撰稿員，後來成為唱片騎師，主持音樂節目《Progressive Jazz》。1960 年加入香港電台英文台。1964 年獲派往英國 BBC 受訓，在受訓期間兩度訪問著名樂隊 The Beatles，其後他們來港，亦再次接受 Uncle Ray 的訪問。

大氣電波推介歐西流行曲

在六十年代，每天扭開收音機幾乎都聽到 Uncle Ray 主持的節目。星期一有《Lucky Dip》、星期三有《Just For You》、星期四有《American Hot 100》、星期五有《Popularity Poll》、星期六有《From Me to You》。當中以現場點唱節目《Lucky Dip》最受歡迎。

Uncle Ray 不時在大氣電波中向聽眾介紹最新的歐西流行曲，同時亦發掘有潛質的本地樂隊，引薦給唱片公司，又在節目中播放本地樂隊的唱片，推薦給大眾欣賞。六十年代港人的生活大多比較刻苦，不是人人能負擔得起購買音響或唱片，收音機就成了年青人和普羅大眾接觸 Band Sound 的一個主要渠道。如果沒有電台這個媒介，單靠報章雜誌和現場音樂會，恐怕樂隊熱潮也難成氣候，Uncle Ray 在 Local Pop Scene 中可說是扮演一個十分重要的引路人角色。

隨着西洋風颳起，六十年代的年青人開始組織歌迷會。Uncle Ray 對於 Fan Club 的籌組不遺餘力，包括指導歌迷聯絡外國歌手或樂隊，成立香港的 Official Fan Club；Uncle Ray 可說是大大小小不同 Fan Club 的總顧問。Uncle Ray 亦經常在週末主持 Fan Club party，有遊戲、抽獎和跳舞等節目，當然最重要是提供年青人一個表演的機會。

Uncle Ray 擔任 DJ
的風采。

玩票性質當歌手

不說不知，熱愛音樂的 Uncle Ray 曾經是一位鼓手，跟 Joe、Tony 和 John Oliveira 三兄弟組成樂隊 Satellites，還在鑽石唱片公司出版過一張細碟。這可說是六十年代香港早期樂隊的唱片之一。此外，Uncle Ray 也是爵士樂組合 RTHK Quartet 一員，其他成員包括有 Johnny Herbert 和 Chris Hilton。Uncle Ray 還以玩票性質當過歌手，在 Life Record 推出過一張細碟，選唱 Creedence Clearwater Revival 的成名作〈Proud Mary〉和 Otis Redding 的〈Sitting On The Dock Of The Bay〉。

Uncle Ray 還稱得上是香港最早的明星足球隊領隊，參與過 1968 年的香港賀歲波！當時的球員陣容包括 Teddy Robin、Norman Cheng、William Kwan（Teddy Robin & The Playboys）、Michael Remedios（The Mystics）、James Chan、Walter Mak（Mod East）、James Fong、Alex Tao（Joe Jr. & The Side-Effects）Anders Nelsson 和 DJ Darryl Patton，都是當年樂隊潮流中的領軍人物。

兩度撮合超級樂隊

Uncle 對樂壇的影響力無遠弗屆，更曾經兩次撮合當時樂壇最強的「夢幻組合」。話說有一次 Uncle Ray 和鄭東漢（Norman Cheng）、馮添枝（Ricky Fung），以及鑽石唱片公司老闆 Leo da Silva 茶聚，席間談到不少深受聽眾歡迎的舊唱片已經絕版，又或者播放太多以致受到損耗，於是興起了重新灌錄一張以舊歌為主的純音樂唱片的念頭，並附上歌詞，讓歌迷可以一起跟着唱。結果，這次茶聚促成了一個超強陣容的即興組合：The Night-Owls，成員包括 Norman Cheng（結他）、Ricky Fung（低音結他）、Nick Domingo（琴鍵）和 Donald Ashley（鼓）。

The Night-Owls 在 1970 年出版的這張唱片是以 Uncle Ray 的電台節目《All The Way with Ray》命名，灌錄的十六首純音樂演奏樂曲包括〈River of No Return〉（大江東去）、〈Look For A Star〉和〈Sealed With A Kiss〉等等。

1970 年，日本在大阪舉行萬國博覽會（Expo'70）。負責帶隊的 Uncle Ray 聯合了香港樂壇精英，組成 Soul Agents 代表香港「遠征」日本，在博覽會內的香港館演出近一個月，十分成功。Soul Agents 的成員空前絕後，包括有 Norman Cheng、William Kwan、Frederick Chan、Ricky Chan（陳家蓀）、Ricky Fung、Joe Junior、Michael Remedios 和 Irene Ryder 等等。Soul Agents 翌年灌錄了一張同名紀念大碟，但由於 Irene Ryder 跟 EMI 有約在身，唱片只輯錄了 Joe Junior 和 Michael Remedios 唱的歌。這張《Soul Agents》除了是這次萬國博覽會的紀念唱片，亦是寶麗多（Polydor）唱片公司成立後推出的第一張大碟。

貢獻良多，各界肯定

Uncle Ray 對香港樂壇影響深遠，若說沒有 Uncle Ray，便沒有香港六十年代的 Pop Scene，這說法一點也不誇張。為表揚他的貢獻，英女皇於 1987 年頒發 MBE 勳章給 Uncle Ray。1997 年，Uncle Ray 由他好友，英國歌手 Paul Anka 手中接獲香港電台的廣播成就榮譽獎。由 1970 年開始，Uncle Ray 在港台主持其音樂節目《All the Way with Ray》，一路走來至今已超過 40 年，是香港最長壽的電台節目。2000 年，前廣播處長張敏兒提名 Uncle Ray，成為健力士世界紀錄大全中，全世界持續主持電台節目最長久的 DJ。

到 2008 年，Uncle Ray 更獲得香港政府頒發銅紫荊星章（the Bronze Bauhinia Star）。隨後於 2012 年，獲香港演藝學院頒發榮譽院士。◉

Uncle Ray（後排左三）曾率領六十年代當紅本地香港流行樂隊的成員組成足球隊。

唱片清單

SINGLE The Satellites

Jamaican Mash b/w No One To Cry To

1963 年

Uncle Ray 曾組成樂隊 The Satellites，在鑽石唱片公司推出細碟《Jamaican Mash b/w No One To Cry To》。這可說是本地最早期的樂隊唱片之一。

SINGLE Ray Cordeiro

Proud Mary b/w Sitting On The Dock of The Bay

1970 年

一張十分罕有的細碟，甚至很多人不知道 Uncle Ray 曾推出這個人作品。

LP The Night-Owls

All The Way with Ray (HI-3008)

1970 年

由夢幻組合 The Night-Owls 所灌錄的《All The Way with Ray》；右邊是另一版本的唱片封套。

Side ONE

1. River of No Return
2. My Love For You
3. And The Sun Will Shine
4. Je T'aime (Love At First Sight)
5. Cindy On Cindy
6. Judy Judy Judy
7. Twelfth of Never
8. Don't Let The Sun Catch You Crying/I'll Be There

Side TWO

1. Ginny Come Lately
2. All Over The World
3. Look For A Star
4. The World Is Getting Smaller
5. Sealed With A Kiss
6. You'll Never Walk Alone
7. Silence Is Golden
8. We Will Make Love

⌐LP **Soul Agents**

Soul Agents (Polydor 2427 001)

1971 年

另一支「超級樂團」Soul Agents 的同名大碟，主要收錄 Joe Junior 和 Michael Remedios 主唱的歌曲，並由 Teddy Robin & The Playboys 成員負責樂器演奏。

Side A
1. Love (Joe Jr)
2. Bury Me Down By The River (Michael Remedios)
3. The World Doesn't Matter Anymore (Joe Jr)
4. Leave Her Alone (Michael Remedios)
5. Longer Than Forever (Joe Jr)
6. All Because of You Girl (Michael Remedios)

Side B
1. Fire and Rain (Michael Remedios)
2. Are You Growing Tired of My Love (Joe Jr)
3. Come On In (Joe Jr)
4. Fade Away (Michael Remedios)
5. Gotta Be Strong (Joe Jr)

Uncle Ray 在 2003 和 2004 年分別推出精選 CD《Uncle Ray's Choice》和《Meet the Star》。2010 年，Uncle Ray 從事廣播業 61 週年，親自選輯 101 首六七十年代本地經典 英文金曲作 CD 推出，當中包括大量六十年 代本地樂隊的作品。

Uncle Ray 官方網址　http://uncleraydj.com/

Chapter.1
當 時 得 令

六十年代的樂隊潮流勢不可擋，
香港的年青人亦趕上這股全球性
的風氣，紛紛拿起結他，玩奏屬於他
們自己的音樂。Teddy Robin & The
Playboys 的「爆紅」，成功掀起本地樂隊熱
潮，隨後 Joe Junior、The Lotus 等也正式
登上舞台，本地樂壇開始慢慢成形，風雲際會，
造就了幾隊當時得令的組合。

Teddy Robin & The Playboys

TRACK 1

Teddy Robin & The Playboys

Teddy Robin & The Playboys

Teddy Robin & The Playboys 可說是香港六十年代最具代表性的本土樂隊。

隊中的靈魂人物是廣為人知的 Teddy Robin（泰迪羅賓）。Teddy Robin 原名關維鵬，1945 年在內地出世，年幼時意外跌倒，病菌入了斷骨，不幸患上骨癆，因此舉家遷往香港醫冶。小時候喜歡上電影《俠盜羅賓漢》，順理成章起了英文名 Robin。Teddy Robin 的聲線獨特，小學時口才也很了得，機緣巧合之下，學校老師推薦他到麗的呼聲試音，被當時的播音皇后羅鳳筠看中，在廣播劇《怪家庭》裏擔當一個頑童角色，遂成為廣播童星。

Teddy Robin 是娛樂圈內有名的足球愛好者，他少年時的球隊就曾經奪得兩屆小童盃冠軍。運動過後，一班「波牛」總愛到球場附近的涼茶舖歇腳。Teddy

被點唱機播放的歐西流行音樂深深吸引着，久而久之，燃起了他對音樂的興趣。

組 band 歲月

1963 年，Teddy Robin 和弟弟組成第一支樂隊，名字喚作 Baby Kids[1]，當時他們參加了 Talent Time 音樂比賽，並進入了複賽，結果僅以兩分之差被淘汰出局。Baby Kids 的主要隊員包括 Robin Kwan（即 Teddy Robin），他的兩個弟弟 William Kwan（關維麟）、David Kwan（關偉），以及 Robin William Shum（即岑南羚，後來英文名

---

1. 有關 Teddy Robin 早期夾 band 的資料是參考《花花公子樂隊月刊》，內有詳細的紀錄。但筆者專訪 Teddy Robin 的時候提起 Baby Kids，Teddy 已經沒有太大印象了。

改稱 Lanny Shum）。早期的成員亦有一位 Teddy Robin 姓廖的朋友（主音）和另一位姓蕭的朋友（鼓手）。

後來他們覺得 Baby Kids 這名字不夠突出，所以決定更改隊名。幾經商議後，William 在字典翻出 *Stripling* 一字，解作「年青人」的意思，遂決定採用，代表這支樂隊是由年青人組成，也表示他們已經由孩童長大成年青人了。

1964 年夏天，The Striplings 參加了香港電台的「初試新聲」比賽，決賽地點是大會堂音樂廳。The Striplings 在比賽中演唱了 The Searchers 的〈Don't Throw Your Love Away〉。雖然最後三甲不入，但參加這些公開比賽，令他們得到寶貴的舞台經驗。

The Striplings 改組

同年，The Striplings 再接再厲參加了《星島晚報》主辦的「全港公開業餘歌唱比賽」。由於岑南羚的英文名恰好佔去關氏兄弟 Robin 和 William 名字各半，為了避免麻煩，Robin（泰迪羅賓）決定改名。一位朋友對他打趣道：「最好改一個跟你外形相似的名字，看你的頭髮披長，穿着牛仔褲、皮靴，十足飛仔一樣，改名叫 Teddy 不就成了嗎？」於是，泰迪羅賓便在他的名字 Robin 之前加上 Teddy，從此 Teddy Robin 之名不脛而走。

當時一支叫 Beatniks 的樂隊也有意參加同一歌唱比賽，可惜他們的主音及結他手都離隊了。Beatniks 的鼓手 Stanley 跟 Teddy Robin 是朋友，遂邀請他充

當主音歌手，David Kwan（關偉）則頂替結他手的位置。那時候的音樂比賽並無嚴格參賽規定，即使一人分身在兩隊組合也沒有明文禁止，所以 Teddy Robin 在比賽中同時繼續為 Striplings 彈奏結他。由於 Beatniks 的低音結他手湊巧又叫 David，為免麻煩，關偉決定改其英文名為 Raymond。之後，Beatniks 的 David 更提議把樂隊改名為 Playboys。

Striplings 參賽的歌曲是 Elvis Presley 的〈Surrender〉，由岑南羚主唱。Playboys 參賽的是〈What'd I say〉，由 Teddy Robin 主唱。兩支樂隊勢如破竹，經過初賽、複賽，最後更一同打進決賽，這是他們始料不及的。為怕因雙重參賽身份而節外生枝，Teddy Robin 決定在餘下賽事只專心為 Playboys 唱歌，不再為 Striplings 彈奏結他。最後，兩支樂隊竟分別奪得冠、亞軍，消息震撼整個圈子。

不久，Striplings 被總統酒店邀請到 Firecracker（炮仗吧）客串演出。正當他們合作得不錯的時候，岑南羚因學業關係要離隊[2]，另一位隊員陳調領也因工作問題不能繼續下去。陳調領遂推薦了 Playboys 的 Stanley 和另一支樂隊 Unknowns 的 Norman Cheng（鄭東

漢）加入 Striplings。

這時，Playboys 的低音結他手 David 和主音結他手都去了英國，原班人馬可謂絕無僅有。由於 Teddy 曾經代表 Playboys 奪得亞軍，Raymond 和 Stanley 又曾經是成員，所以很多人見了 Teddy 都稱呼他們為 Playboys。結果，兩支樂隊「合併」，正式改稱為 Teddy Robin & The Playboys。

Teddy Robin & The Playboys 成軍

1965 年，《星島晚報》主辦的「全港公開業餘歌唱比賽」以及 Talent Time 音樂比賽又再舉行，Teddy Robin & The Playboys 都先後參加了。在「全港公開業餘歌唱比賽」中，他們以一曲〈Fun Fun Fun〉打入決賽。無獨有偶，另一隊名為 3+2 的組合也選唱了 Beach Boys 的〈Fun Fun Fun〉。Teddy Robin & The Playboys 當晚的

---

2. 岑南羚離開 The Striplings 後，曾經組成過樂隊 GI Combo。他也曾經是 Aquanauts 和 Bar Six 的成員。八十年代初推出過大碟《甚麼最寶貴》和《飛越擂台》。岑南羚的哥哥岑崑南是六十年代著名文青，創辦了當時有名的《香港青年周報》。

五人時期的 The Striplings，成員
除了關氏三兄弟，還有岑南羚（左
上）及陳調領（右上）。

由於鼓手岑南羚離隊，原屬 Playboys 的 Stanley(圖右一) 遂頂替
其位置。這陣容可説是 Teddy Robin & The Playboys 的雛形。圖
中隊員包括 (左起)：William Kwan、Raymond Kwan(即 David
Kwan)、Teddy Robin、由 Unknowns 加入的 Norman Cheng（鄭
東漢）以及 Stanley。

Stanley 離隊，Frederick Chan（左一）加入當鼓手，
Teddy Robin & The Playboys 的陣容終告穩定下來。

主音：Teddy Robin（關維鵬）

主音結他：
Norman Cheng
（鄭東漢）

結他：
Raymond Kwan
（關偉）

低音結他：
William Kwan
（關維麟）

鼓手：
Frederick Chan
（陳國明）

奪標呼聲甚高，奈何最終僅得季軍。在 Talent Time 比賽中，Teddy Robin & The Playboys 在初賽中以一曲〈Would You Tell Her〉打入複賽，再以〈Don't Make My Baby Blue〉晉身準決賽。豈料這個時候，有匿名者寫信向大會投訴，說他們曾經當過職業樂隊，牴觸了比賽的參賽資格。雖然 Teddy Robin & The Playboys 在炮仗吧只是以短期客串性質演出，然而大會認為只要有收取報酬，就算是職業樂隊，最終他們無奈退出。經過兩次比賽都無緣問鼎冠軍，他們有點心灰意冷，決定不再參加業餘歌唱比賽。

大概半年後，Stanley 因為工作關係，再加上家人的反對，所以唯有離開樂隊；由 Frederick Chan 接替 Stanley 成為鼓手。

Teddy Robin & The Playboys 的正式陣容便在這時候形成，成員包括有關氏三兄弟：Teddy Robin （關維鵬）、Raymond Kwan （關偉）、 William Kwan （關維麟），以及 Norman Cheng （鄭東漢）和 Frederick Chan （陳國明）。直到後期增添另一成員 Ricky Chan（陳家蓀）。

Teddy Robin & The Playboys 正式組成後，發生了一件出人意表的事情。本港英文報紙《星報》的青年版作了一次全港最受歡迎樂隊的公開選舉，此前未有唱片面世的 Teddy Robin & The Playboys 竟然得到第三名，僅次於由外國人組成的 The Kontinentals 和 The Fabulous Echoes （編按：有關這兩支樂隊的介紹，詳見本章第4及第5篇）。是次選舉結果帶來深層的意義，證明了「夾 band」玩搖滾音樂並非外國人專利，華人樂隊亦有一定的潛質和實力。即使 Teddy Robin & The Playboys 未能贏得音樂比賽冠軍，卻贏得了樂迷的支持。

Teddy 在台上
陶醉演出。

正式進軍樂壇

為了讓樂隊有進一步發展，他們決定寫信給 Uncle Ray 自薦，亦希望 Uncle Ray 能當他們經理人。不久，Uncle Ray 邀請了他們出席一個私人性質的 Fan Club party，在 party 中他們同時認識了 EMI 和 Diamond（鑽石唱片公司）的人員，兩家公司均有意招攬他們。

經過深思熟慮後，他們最終簽了 Diamond；1966 年，樂隊首張細碟《Lies b/w Six Days In May》出版。這張細碟推出市面後大受歡迎，其後更打破了鑽石唱片公司以往 5 年的唱片銷售紀錄，公司高層對他們另眼相看，也令該公司重新開始對本土樂隊產生興趣，遂陸續簽下其他樂隊，掀起了香港流行音樂史上第一輪的樂隊熱潮。

進駐公仔箱

1966 年 可 說 是 Teddy Robin & The Playboys 冒起最快的一年，這一年麗的映聲找他們擔任年青人音樂電視節目《Sound Beat》駐場樂隊，節目大受年青人歡迎，令他們名氣有增無減。值得一提是 Teddy 在麗的映聲曾任見習編導，可說是隊中首位接觸電視台幕後工作的成員[3]。約 1968 年末，無綫電視高層鍾景輝找來 Teddy Robin & The Playboys 出 任《Star Show》（青年節目）的駐場樂隊，以取代 The Lotus 的位置，許冠傑則仍然留任為《Star Show》的節目主持。（按：相關內容見本書前言〈話說西洋風颳起〉一文）

---

3. 在六十年代中至七十年代初，Teddy Robin 先後在麗的映聲和無綫電視擔任幕後的編導工作，曾跟後來成為名導演的譚家明以及無綫電視總監汪岐等共事。

樂隊推出唱片後，名氣與日俱增。
圖為 Teddy Robin & The Playboys 在麗的映聲演出。

左起：Raymond、William、Norman 合作無間。

推出大碟

Teddy Robin & The Playboys 和鑽石
唱片公司簽訂的合約中有多項條款，其
中一項訂明他們必須為唱片公司在一年
內至少灌錄 4 首歌曲，殊不知僅僅在
1966 年，就已經推出了數張細碟和一
張大碟了。以下逐一介紹他們的大碟：

《Not All Lies》
1966 年推出的專輯《Not All Lies》不
單是 Teddy Robin & The Playboys 的
第一張大碟，更是香港第一張全華人
搖滾樂隊的大碟，稱得上是香港流行樂
壇的里程碑。《Not All Lies》收錄的
歌曲雖然全是 Cover Version，但風格
多元化，當中有節奏強勁的搖滾樂，
例如主打歌〈Lies〉[4]，亦翻唱了 Van

Morrison 所屬的搖滾勁旅 Them 的歌
曲〈Gloria〉，盡顯 Teddy Robin 狂野
一面。碟中亦有優美的情歌，例如翻唱
Cliff Richard 的〈So I've Been Told〉
和 The Seekers 的〈I'll Never Find
Another You〉等等。

《Breakthrough》
1967 年他們推出第二張大碟
《Breakthrough》，當中一首曾經發
行細碟的單曲〈I Can't Grow Peaches
on A Cherry Tree〉是他們的大熱作，
在八十年代電影《香江花月夜》中，
Teddy Robin 也再次翻唱此曲。另一首
歌曲〈I'm Not Your Stepping Stone〉
是被人忽略的佳作，中段 Norman 的結
他 solo 令人賞心悅目，感覺到他們開
始想向樂迷展現技術的一面。

---

4. 《Lies》的原唱者為美國樂隊
Knickerbockers。

《365 Days》

第三張大碟《365 Days》開始收錄他們自己創作的作品，包括曾推出細碟的純音樂作品〈Sands of Time〉和〈Norman's Fancy〉，前者是 Teddy Robin 的作品，後者由 Norman 操刀，是他們主持麗的映聲音樂節目《Sound Beat》的主題曲，此曲充份發揮了 Norman 精湛的電結他演奏技巧。1968年8月18日，美國著名樂隊 Ventures 第二次來港開演唱會，Teddy Robin & The Playboys 更以 supporting act 的身份參與演出。據說 The Ventures 很欣賞〈Norman's Fancy〉這首作品，還有意在他們自己的唱片中灌錄這一曲。碟中另一首〈I Dream of You Last Night〉也大受歡迎，後來 Teddy Robin 轉唱廣東歌，找來鄭國江填上中文歌詞，改編成為〈世間充滿樂韻〉，收錄在大碟《點指兵兵》之內。

《Memories》

1968年，樂隊第四張大碟《Memories》面世，顧名思義，樂隊希望這專輯帶給歌迷美好的回憶。碟中收錄的都是樂迷熟悉的經典舊歌，而且部分更是 Teddy Robin & The Playboys 早期在音樂比賽中的參賽歌曲，例如〈Evergreen Tree〉、〈Don't Throw Your Love Away〉、〈What'd I Say〉等等。所以《Memories》一方面是樂迷的回憶，另一方面也記錄了 Teddy Robin & The Playboys 早期的美好日子。

出道短短數年，他們已經由一支學生組成的業餘樂隊，成為本地樂壇首屈一指的勁旅。鄭東漢的音樂才華亦深受鑽石唱片公司的賞識，作為 Teddy Robin & Playboys 的結他手之餘，也協助唱片公司從事監製工作，Norman 是當時鑽石唱片公司最年輕的唱片監製。這張大碟《Memories》就是由他監製的，而唱片封套的獨特魚眼效果照片和設計則是由 Teddy Robin 負責。

Norman 在 Young Beat Live 的演出，他在六十年代的樂隊圈中是數一數二的結他手。

Teddy Robin & The Playboys 成名後在大會堂演出，極受樂迷歡迎。

Teddy Robin & The Playboys 和美
國著名樂隊 The Ventures 的合照。

Teddy Robin & The Playboys 是鑽石唱片公司熱捧的組合，事實亦証明唱片公司的眼光。當年他們相當「威水」，不單成立了自己的歌迷會，1968 年起還出版自己樂隊的刊物《花花公子樂隊月刊》，由漫畫家司徒庸任主編，在報攤公開發售，零售價港幣一元。月刊雖然只出版了五期，但在數十年後的今天回看，實在沒有多少香港樂隊能像他們一樣可以出版一本自己的月刊。就連天梭表（Tissot）推出新款的家樂型（Carrousel）手錶，也找來 Teddy Robin & The Playboys 合作宣傳，後者更作了一首同名廣告歌〈Carrousel〉，足見 Teddy Robin & The Playboys 在年輕人心目中的影響力。

熱潮的高峰：新潮舞會與利惠聲戰

1968 年 4 月 28 日，市政局在中環卜公碼頭舉行「新潮舞會」，Teddy Robin & The Playboys 是主打演出組合。當晚擠滿熱情的歌迷，由於群情洶湧，恐釀成意外和騷動，音樂會被迫中途腰斬。翌日的左派和右派報章互相對立，大做文章。這次表演令 Teddy Robin & The Playboys 無辜成為政治的磨心，但這也說明在云云六十年代本地樂隊當中，他們的名氣和風頭絕對是一時無倆。

同年 11 月的「利惠聲戰」（Battle of the Sounds）是最哄動樂壇的一場比賽，參賽者全是香港最頂尖的樂隊。Teddy Robin & The Playboys 是連續兩年本地樂迷投票最受歡迎的組合，奪標呼聲極高。結果 Danny Diaz & The Checkmates 以超卓的技術贏得評判的歡心，奪得冠軍，Teddy Robin & The Playboys 屈居亞軍，季軍是有 Michael Remedios 和馮添枝坐鎮的 The Mystics。這次賽果令人意想不到，亦令 Teddy Robin & The Playboys 再次與音樂比賽的冠軍擦身而過。

以 Teddy Robin 頭像作宣傳的新潮舞會海報。

THE MONKEES

Teddy Robin & The Playboys 在六十年代經常
出現在各大報章雜誌。

《花花公子樂隊月刊》1 至 5 期。

樂隊潮流步入尾聲

1969 年，Ricky Chan（陳家蓀）[5] 加
入成為鍵琴手，樂隊也出版了同名
雙唱片專輯。《Teddy Robin & The
Playboys》這張同名唱片是香港樂壇
製作的第一套雙唱片集[6]，內裏其中一
張是精選集，輯錄了他們最受歡迎的歌
曲，另外一張收錄的是全新歌曲，包括
Teddy Robin 所作的〈Take My Life〉
和〈The In-Place〉。這張專輯也是他
們最後推出的大碟。

5. 陳家蓀是著名女演員苗可秀（原名陳詠
憫）的哥哥，也是香港小姐孫泳恩的前夫。陳
氏早在六十年代中期已活躍本地樂壇，此前曾
是 Anders Nelson Group 及 Anders Nelson &
The Inspiration 的主將。

6. "The first double album ever produced in
Hong Kong" 擇錄自 Uncle Ray 在唱片封套內
的文章。

六人時期的 Teddy Robin & The Playboys。新加入的成員陳家蓀（前排右一）擔任琴鍵手。

Teddy Robin 獨立發展

提起〈In-Place〉這首歌，其實也是 Teddy Robin & The Playboys 在跑馬地開設的 Club 的名字。當年 In-Place 開幕是極之哄動的新聞，In-Place 開創了每晚由不同樂隊駐場演出的獨特營運模式，成為當時最著名的樂隊演出勝地。In-Place 亦舉辦過海灘流行音樂節比賽，冠軍由 Wynners（溫拿樂隊）的前身 The Loosers 奪得。

踏入七十年代，香港興起台灣國語歌，樂隊熱潮冷卻。Teddy Robin & The Playboys 雖然沒有解散，但成員各有去向和發展。Norman、Raymond 和 William 先後加入唱片公司從事幕後工作，Frederick 則任職香港電台，而陳家蓀走進電視台當編導。他們均對日後的香港樂壇有舉足輕重的影響。至於 Teddy Robin 則走上跟其他成員截然不同的道路，在音樂以至電影事業中，繼續綻放其光彩。

Teddy Robin 在 1969 年為邵氏演出電影《愛情的代價》（1970 年公映），開拓了他的電影事業，同名國語主題曲紅遍東南亞地區，Teddy 開始到馬來西亞、印尼、新加坡等地方巡迴演出。由於〈愛情的代價〉這歌曲空前成功，Teddy 於 1971 年再接再厲推出了國語作品〈在那遙遠的地方〉，這歌由林敏怡負責琴鍵，聽眾也十分受落。然而，Teddy 的音樂根源始終是「樂與怒」，時代曲終究不是他的口味。1972 年，他推出第一張個人英文細碟《The Road》，這唱片於新加坡錄音，由另一支本地樂隊 Fantastics 作伴奏，當中收錄的歌曲〈The Road〉和〈Strange Feeling〉都是 Teddy 自己創作的作品，歌詞描述了在外國流浪的異鄉心情，流露了他對出走他方的嚮往。

從東南亞回港後，Teddy 再推出了他的第一張英文大碟《Melody Chain》，唱片監製是好友馮添枝，參與製作的樂手包括有 Norman Cheng、William Kwan 和有「鼓王」之稱的 Donald Ashley 等等。同年，Teddy 回歸麗的映聲，主持音樂節目《青春頌》。

1974 年，Teddy 終於決定暫別香港樂壇，到外國流浪。在外國期間，曾先後組成過樂隊 China Connection 和 Asianada。經歷了四年多的流浪生涯，他於 1978 年底返港。1979 年和導演章國明合作，首次監製電影《點指兵兵》，開始了其銀色事業旅途。Teddy 亦同時為該電影配樂，並推出他的第一張廣東電影原聲大碟《點指兵兵》。

1981 年，Teddy 推出專輯《這是愛》。主打歌曲〈這是愛〉由林敏怡、林敏驄兩姊弟作曲填詞，是電影《胡越的故事》插曲。〈這是愛〉深受樂迷欣賞，先後多次被不同歌手翻唱，包括張國榮、關淑怡、夏韶聲和林欣彤等。雖然有眾多不同版本，但唯有 Teddy 那獨特的聲線才能演繹出那種滄桑感。碟內另一首電影同名主題曲〈救世者〉，也是電台經常播放的熱門作品，它的編曲風格明顯受到殿堂級迷幻組合 Pink Floyd 的影響，結他彈奏更混合了《The Wall》的〈Another Bricks in the Wall〉段落，相當破格。

1984 年，Teddy Robin 再作突破，推出香港樂壇第一張概念大碟《天外人》。封面畫上 Teddy 半人半機械的樣貌，並且在第一首歌〈追尋中〉加入幾句模擬電腦機械發聲的獨白。唱片 A

面大膽地以串連方式，把潘源良填詞的七首歌連貫起來，全長達 23 分鐘之久，打破了廣東流行曲的常規。

太前衛的作品往往未必能夠取悅普羅大眾，Teddy 自推出《天外人》後，就沒再推出廣東大碟，轉為專心發展他的電影事業。他執導的作品包括自編自導自演的《我愛夜來香》、《衛斯理傳奇》和《香江花月夜》等等。有份參演的電影則多達二十多部，較受注目的有《鬼馬智多星》、《英倫琵琶》、《打工皇帝》、《小心間諜》、《雙龍會》等等。2010 年參與電影《打擂台》的

Teddy Robin 在外國流浪期間，曾組成樂隊 Asianada。Asianada 是 "Asian in Canada" 的意思。

幕前演出，令他榮獲第 17 屆香港電影評論學會大獎最佳男演員獎，以及第 30 屆香港電影金像獎最佳男配角；同時 Teddy 和韋啟良合作為此片配樂，也勇奪最佳原創電影音樂獎。2011 年，他獲頒香港作曲家及作詞家協會 CASH 音樂成就大獎。

其他隊員
轉戰幕後

七十年代初，Polydor（寶麗多）收購鑽石唱片公司，Norman Cheng 此時加入，二十四歲便成為唱片監製，之後一路晉升為後來 Polygram（寶麗金）和環球唱片公司的亞太區總裁，掌管整個音樂王國，他也是第一位出任國際唱片公司亞太地區總裁職位的華人。八九十年代，寶麗金堪稱全盛時期，幾乎羅致了香港流行樂壇大部分一線歌手。其後，他過檔百代唱片公司出任中國區合夥人和亞太區總裁，並一手促成金牌大風對百代的併購，其兒子鄭中基亦為香港著名歌手和喜劇演員。

William Kwan 和 Raymond Kwan 也步 Norman 後塵加入了 Polydor 的大家庭。William 後來成為寶麗金的著名監製，譚詠麟幾張獲獎無數的經典大碟均由 William 監製，如：《忘不了您》、《霧之戀》、《愛的根源》和《愛情陷阱》等等，所以有人說 William 是譚詠麟的御用監製。1984 年，William 以專輯《愛的根源》奪得「香港電台十大中文金曲」最佳監製獎。William 的兒子就是歌手關楚耀。

Raymond[7] 在八十年代成為寶麗金的總經理，行內人稱呼他為「威爺」，後來出任新藝寶唱片公司的總經理。

鼓手 Frederick Chan 在樂隊解散後加入香港電台工作。其後，Frederick 於八十年代亦被舊隊友們邀請加入寶麗金唱片公司。

---

7. Raymond 的中文名關偉碰巧和前亞洲電視高級副總裁 Peter Kwan 一樣，網上有資料把兩人混淆，Raymond 其實從未任職亞洲電視高級副總裁。

Ricky Chan（陳家蓀）於七十年代初加入無綫電視任編導，除《歡樂今宵》之外，他編導的詼諧節目如《林亞珍》和《點只咁簡單》，都成為電視節目中的經典。1977 年和 1979 年更執導電影《點只捉賊咁簡單》和電影版《林亞珍》。Ricky 對少年時夾 band 的歲月似乎甚為懷念，1982 年編寫了一套以六十年代為主題的懷舊電影《涼茶．馬尾．飛機頭》，重溫青蔥歲月。電影原聲大碟首次收錄了好幾首 Diamond 時期的絕版樂隊歌曲，更有 Joe Junior 第一次獻唱的廣東歌〈細雨裏〉。八十年代 Ricky 成立靈活廣告製作傳播公司。九十年代移民加拿大多倫多，現為加拿大中文電台 DJ。◉

Teddy Robin & The Playboys 六位成員自七十年代起各有發展，難得聚首一堂。本圖攝於 1997 年。

SINGLE Teddy Robin & The Playboys

唱片清單

Lies b/w Six Days In May (D238)

Teddy Robin &
The Playboys 的
第一張單曲唱片，
打破 Diamond 前
5 年的銷售紀錄，
觸發本地樂隊潮
流。

I Can't Grow Peaches On
A Cherry Tree b/w Peter Rabbit (D242)

I Can't Grow
Peaches on a
Cherry Tree 的曲
風較 Lies 來得斯
文，但仍是當時很
hit 的一首單曲。

I Dreamed of You Last Night
b/w Dance Last Night (D249)

I Dreamed of
You Last Night
是一首悅耳動聽
的原創作品。

We Can't Go On This Way
b/w Norman's Fancy (D252)

B Side 作品
Norman's Fancy
是麗的映聲音樂
節目 Sound Beat
的主題曲。

Sands of Time
b/w Language of Love (D256)

Sands of Time
是 Teddy Robin
最早期的純音樂
創作作品，經過
了幾十年，在
YouTube 仍會找
到世界各地的結
他愛好者演繹這
首作品。

You'd Better Cry b/w Don't You Try
To Love Somebody Like Me (D263)

兩首單曲均是
Norman Cheng
所作，風格已逐
漸顯得成熟。

Pretty Blue Eyes
b/w What'd I Say (D265)

What'd I Say 是
著名黑人歌手
Ray Charles 的
歌，Teddy Robin
& The Playboys
的演繹多了一點
搖滾的感覺。

Carrousel b/w Young Beat (D276)

很有趣的唱片
封面設計，是
Diamond 唯一一
張採取摺合形式
的細碟封套。

I Can't Be Hurt Any More
b/w Take My Life (D287)

I Can't Be Hurt Any More 頗有迷幻風格，這支
單曲並沒有收錄在大碟當中，額外珍貴。封套背
面是 Teddy Robin 的油畫作品。

The Best of Teddy Robin
& The Playboys (DEP019)

Side A
1. Lies
2. I Can't Grow Peaches
   On A Cherry Tree
Side B
1. I Dreamed of You Last
   Night
2. We Can't Go On This
   Way

Teddy Robin & The Playboys 的精選細碟。

SINGLE Teddy Robin

愛情的代價 b/w 海濤 (D293)

這一首同名電
影主題曲，令
Teddy Robin
在東南亞走紅。

The First Time
b/w 在那遙遠的地方 (D294)

一張罕有的 Teddy Robin 細碟，收錄英文歌 The
First Time 和國語作品〈在那遙遠的地方〉，留
意琴鍵手為林敏怡。

EP Teddy Robin

愛情的代價 The Price of Love
(EMI TAE-203)

Side A （靜婷 & 洪鍾）
1. 明珠
2. 海濤
Side B （洪鍾）
1. 愛情的代價

愛情的代價 — 羅文
（超群唱片 SHE-104）

Side A
1. 愛情的代價
2. 祇有我愛你
Side B
1. 相思不是醉
2. 海濤

愛情的代價電影歌曲在東南亞頗受歡迎，除了 Teddy Robin，唱片公司也推出過靜婷 / 洪鍾和羅文演繹的版本。

Teddy Robin (Philips 6283 001)

Side A
1. The Road
2. Lose It or Gain It
Side B
1. Bye Yourself
2. Strange Feeling

Hit EP (DEP022)

Side A – Teddy Robin
1. Pretty Blue Eyes
2. Language of Love
Side B – Joe Junior
1. Here's A Heart
2. I Gotta Find Cupid

Teddy Robin 在七十年代的同名 EP，一曲 The Road 已表露出他對外國流浪的嚮往，當中的單曲 Strange Feeling 亦曾經獨立推出過細碟 (Philips 6002001)。

Hit EP 是精選細碟，另一面是 Joe Junior 的歌。

LP Teddy Robin & The Playboys

Not All Lies!
(LP1030)

Side A
1. Lies 67
2. See You In September
3. Younger Girl
4. With A Girl Like You
5. All Or Nothing
6. I'll Never Find Another You
7. Land of 1000 Dances

Side B
1. Wild Thing
2. Gloria
3. So I've Been Told
4. Horray For Hazel
5. Last Train To Clarksville
6. Would You Tell Her
7. I Can Make It With You

1966 年 | Teddy Robin & The Playboys 的處女大碟，為本地樂隊潮流的里程碑。

Breakthrough
(LP1032)

Side A
1. A Little Bit Me, A Little Bit You
2. There's A Kind of Hush
3. A Summer Song
4. I'm Not Your Stepping Stone
5. Green Green Grass of Home
6. I Can't Grow Peaches On A Cherry Tree

Side B
1. I Got To Go Back
2. Poor Side Of Town
3. Time Won't Let Me
4. All My Sorrows
5. I'm A Believer
6. On A Carousel

1967 年 ｜ 第二張大碟 Breakthrough。

365 Days
(LP1036)

Side A
1. Language Of Love
2. Don't Go Out Into The Rain
3. San Francisco
4. Norman's Fancy
5. She'd Rather Be With Me
6. I Dreamed of You Last Night

Side B
1. Come On Down to My Boat
2. We Can't Go On this Way
3. Friday on My Mind
4. Sands of Time
5. Windy
6. The Boat that I Row

1967 年 ｜ 大碟 365 Days，收錄多首經典之作包括 Sands of Time、Normans Fancy 和 I Dreamed of You Last Night 等等。

Memories
(LP1039)

Side A
1. What'd I Say
2. Crying In The Rain
3. Don't Throw Your Love Away
4. Baby It's You
5. Evergreen Tree

Side B
1. Don't Make My Baby Blue
2. Pretty Blue Eyes
3. Rhythm Of The Rain
4. If I Fell
5. Move it
6. Don't

1967 年 ｜ 大碟 Memories，重新演繹 11 首受歡迎的歐西流行曲。

1969 年 | 新曲加精選，也是香港樂壇第一張雙唱片，拼貼式的封面設計相當大膽和前衛。

Best of Teddy Robin & The Playboys
(LP1050 / SLP1053)

LP1050

Side A
1. Lies
2. Pretty Blue Eyes
3. Younger Girl
4. Norman's Fancy
5. I Dreamed of You Last Night
6. Fever
7. I Can't Grow Peaches On A Cherry Tree

Side B
1. Don't You Try To Love Somebody Like Me
2. Language of Love
3. Hanky Panky
4. Sands of Time
5. You'd Better Cry
6. We Can't Go On This Way
7. See You In September

LP1053

Side A
1. C'mon Kitty Kitty (Let's Go To The Cry)
2. Lodi
3. Change of Heart
4. Zee-Pa-De-Do-Da
5. In September
6. Take My Life

Side B
1. Carrousel
2. What is a Youth
3. Melody Fayre
4. Magic Colors
5. Windmills of Your Mind
6. The In-Place

LP ▾ Teddy Robin

1972 年 | Teddy Robin 的第一張個人英文大碟。

Teddy Robin – Melody Chain
(Fontana 6380 200)

Side A
1. Melody Chain
2. Together
3. It Never Rains In Southern California
4. If We Try
5. HI HI HI
6. Life Is So Pretty
7. Crocodile Rock

Side B
1. Relay
2. Mona Lisas And Mad Hatters
3. I'd Love You To Want Me
4. I Can See Clearly Now
5. Alive
6. I'm Leaving

樂隊 陣容 變化

Baby Kids
↓
Striplings
Teddy Robin（即 Robin Kwan）、
William Kwan、David Kwan、
Robin William Shum、陳調領

↓

Beatniks
↓
Playboys
Stanley、David、Thomas、
Tommy、Teddy Robin、
Raymond Kwan（即 David Kwan）

Teddy Robin & The Playboys(I)
Teddy Robin、William Kwan、
Raymond Kwan（即 David Kwan）、
Norman Cheung、Stanley

↓

Teddy Robin & The Playboys(II)
Teddy Robin、William Kwan、Raymond Kwan、
Norman Cheung、Frederick Chan

↓

Teddy Robin & The Playboys(III)
Teddy Robin、William Kwan、Raymond Kwan、
Norman Cheung、Frederick Chan、Ricky Chan

也許他們也沒想到，
自己對日後香港樂壇發展有着深遠的影響。

ckers ..

ects

TRACK 2
Joe Junior
@The Zoundcrackers,
Joe Junior & The Side-Effects

Joe Junior
@The Zoundcrackers,
Joe Junior & The Side-Effects

樣貌有點像洋人的 Joe Junior 是中葡混血兒，在香港出生，全名為 Jose Maria Rodriguez Jr.。Maria 是他母親名字，而由於他的父親亦叫 Joe，為方便分辨，索性叫自己作 Joe Junior 。坊間一般直譯 Joe Junior 為「祖尊尼亞」，其實他正式的中文名是「羅利其」，為 Rodriguez 的中文譯音。

Joe Junior 自小已對唱歌抱有濃厚興趣，13 歲時第一次聽 Paul Anka 的〈Diana〉開始，便立志成為一位歌手。外表文質彬彬的 Joe Junior，年青時亦有反叛的一面。初中就讀聖若瑟書院時就因為打架而被逐出校園，之後轉讀私校新法書院。

The Zoundcrackers
嶄露頭角

讀書時期的 Joe Junior 已經醉心於唱歌，他的第一隊組合叫 The Hunters，也曾經先後加入樂隊 Bar Six 和 Christine Samson 姊妹的 D'Topnotes，晚上也有到酒吧兼職演出。1965 年，Joe Junior 和幾位朋友組成樂隊 The Zoundcrackers，Zoundcrakers 的成員包括：Joe Jr.（主音）、Alex Tao（主音結他）、Ali Kitchell（低音結他）、Norman Leung（琴鍵手）和 Jimmy Gibson（鼓手）。

The Zoundcrackers
（左起：Norman Leung、Jimmy Gibson、Ail Kitchell、Joe Junior、Alex Tao）

機緣巧合之下，Zoundcrackers 被邀請擔任英國樂隊 The Searchers 來港演出時的開場樂隊，並得到席上鑽石唱片公司負責人賞識，簽約為旗下樂隊。這次演出，算是 Joe Junior 人生的第一個轉捩點。

The Zoundcrackers 在 Diamond 嶄露頭角，共出版過兩張細碟。當中包括翻唱 Gary Lewis & The Playboys 的〈I Gotta Find Cupid〉 和 Teddy & The Pandas 的〈Once Upon a Time〉。這時的 Zoundcrackers 開始受到注目，但有報章雜誌誤把樂隊寫成 Joe Jr & The Zoundcrackers，惹來部分隊員不滿，以為是 Joe Junior

故意要出風頭。就因為這點誤會，Zoundcrackers 不久便拆夥了。

Joe Junior & The Side-Effects 一曲成名

1967 年，Joe Junior 和 Alex Tao 邀請了幾位朋友另組樂隊，取名 Joe Junior & The Side-Effects。Side-Effects 的意思就是想看看這隊新的組合會帶來什麼化學作用，樂隊的成員包括有：Joe Jr.（主音）、Alex Tao（主音結他）、David Tong （低音結他）、James Fong（琴鍵）和 Robert Lee（鼓手）。

這一年，樂隊翻唱了 Dave Dee, Dozy, Beaky, Mick & Tich 的〈Here's a Heart〉。這首歌的原唱版本不算太流行，但經過 Joe Junior 的翻唱，竟取得空前的成功。〈Here's a Heart〉創下蟬聯香港英文金曲冠軍連續 7 星期的紀錄，至今無人能破，唱片銷量高達兩萬張，Joe Junior 的事業一下子推上了高峰。〈Here's a Heart〉亦是 Joe Junior 最為人熟悉的一首歌，Joe 在往後的演唱會幾乎每次都會獻唱這首金曲。

〈Here's a Heart〉收錄在他們首張大碟《Effective》中，這張專輯還包括另一首 Joe Junior 的金曲——翻唱自 The Crickets 的〈Deborah〉。

眾所周知，Joe Junior 的唱歌風格深受 Cliff Richard 影響，Joe Junior & The Side-Effects 的第二張大碟《Tribute》便是 Joe 向其偶像致敬的一張大碟，專輯內所有歌曲均是翻唱 Cliff Richard 的作品。事實上，Joe Junior 早在 Zoundcrackers 的時候已經翻唱 Cliff Richard 的〈I Only Came to Say Goodbye〉。這類向某某歌手致敬的唱片在外國並非新鮮事，但在六十年代的香港，出版一張清一色翻唱單一歌手的唱片，實是一個大膽的嘗試。

The Zoundcrackers 拆夥後，Joe Junior 再組新軍，Joe Junior & The Side-Effects 由此誕生。除了舊隊友 Alex Tao（左一），還加入了 Robert Lee（左二）、David Tong（左三）及 James Fong（右一）。

Joe Junior & The Side-Effects 以一首〈Here's a Heart〉迅速走紅，起跑非常順利。

該張唱片封套也印上 Joe Junior 給樂迷的一段話，表明這張專輯的用意：

"Dear Friends,
I cannot express in words how happy I
am to have had the opportunity to record
this album. As you may guess from the
selections this album is a tribute to my
favourite singer and I am sure he's also
tops with many of you.
It has been so much fun recording this
album that I sincerely hope you that when
listen to this record you will share my joy.
Warmest wishes,
Joe Junior"

Joe Junior
以個人歌手姿態發展

Joe Junior & The Side-Effects 拆夥之後，Joe Junior 以個人名義推出過不少唱片，包括大碟《The Voice of Love》、《Exclusively Yours》和《The Best of Joe Junior》，是鑽石唱片公司旗下產量最豐富的個人歌手，深受當時樂迷歡迎，樂評人更將他冠以「六十年代歌壇寵兒」的稱號。Joe Junior 除了翻唱外國歌曲，也開始灌錄自己創作的作品，包括有〈A Letter From Susan〉、〈Why Don't You Let Me Stay〉等等。

Joe Junior 曾先後當上多本雜誌的封面人物，
足見其「六十年代歌壇寵兒」的地位。

步入七十年代，Joe Junior 由 Diamond 過渡到 Polydor。1975 年 Joe Junior 曾經憑 Dominic Chung（鍾肇峰）創作的〈When You Sing〉入圍香港流行歌曲比賽。可惜國語歌和廣東歌在七十年代先後興起，逐漸取代英文歌的地位，樂隊潮流一去不返，Joe Junior 的歌唱事業亦由高峰步向低潮。

在整個七十年代，Joe Junior 只推出過兩張個人大碟。首先是 Polydor 出版的《VIth》，然後 1974 年在永恆唱片推出一張叫《Susie Darlin'》的大碟，可惜銷路並不理想。期間的生計，主要都是靠在酒廊夜總會演出。據 Joe Junior 在一篇訪問中透露，他最潦倒的時候，曾經靠透支信用卡來過生活。

1982 年，Joe Junior 曾經為電影《涼茶‧馬尾‧飛機頭》灌錄他的第一支廣東歌〈細雨裏〉（即〈Here's a Heart〉中文版），可惜也未能令其歌唱事業再現起色。

歌唱與演藝事業雙線發展

唱歌以外，Joe Junior 自七十年代便開始客串演出電影。八十年代簽約為無綫電視藝員，由於他本身混血兒的面孔，所以經常擔演神父、法官和古裝片中的洋人等角色。1998 年，Joe Junior 復再推出唱片，重新灌錄〈Here's a Heart〉以及一些經典的英文金曲。2008 年，Joe Junior 在文化中心舉辦出道 42 週年演唱會，一直堅持歌唱事業的 Joe Junior，坦言會每年開一次演唱會，直到不能再唱歌為止。

2011 年首播的電視劇《天與地》，Joe Junior 演失意的音樂節目主持人 Dr. Dylan，其中一句對白 "This city is dying, you know?" 被網民熱捧為經典金句；2014 及 2015 年分別擔任話題節目《三個小生去旅行》及《四個小生去旅行》的主持之一，令其人氣有增無減。◎

風度翩翩的 Joe Junior，
迷倒不少歌迷。

SINGLE The Zoundcrackers

Once Upon A Time
b/w No No No No (D241)

The Zoundcrakers 的
處女細碟。

I Gotta Find Cupid b/w
I Only Came To Say Goodbye (D245)

I Only Came To
Say Goodbye
原唱者就是 Joe
Junior 的偶像
Cliff Richard。

SINGLE Joe Jr. & The Side-Effects

A Letter b/w Bad to Me (D250)

A Letter 是 Joe
Junior 和 Side-
Effects 合作的第
一張細碟。

Here's a Heart b/w
So Much In Love (D255)

Joe Junior 最經
典的金曲，連續
七個星期高據電
台冠軍。

EP Joe Jr. &
The Side-Effects

That's The Way Love Is b/w
Funny How Love Can Be (D259)

That's The Way
Love Is 原唱者
是美國歌手 Del
Shannon。

Our Girls (DEP20)

Side A
1. Please Don't Ask
About Barbara
2. Angel
Side B
1. Donna
2. Deborah

細碟取名 Our Girls 是因為四首歌曲全部用上女
孩子的名字，意念相當有趣。

Why Don't You Let Me Stay b/w
Have I Told You Lately That I Love You (D272)

這是 Joe Junior
轉做個人歌手之
後的第一張細碟，
Why Don't You
Let Me Stay 是
Joe Junior 自己
創作的作品。

The Voice of Love b/w
Look Homeward Angel (D275)

The Voice of
Love 是美國歌手
Johnny Nash 的
名曲。

A Letter From Susan b/w
She's The Only Girl From Me (D278)

似乎 Joe Junior
特別喜歡有女孩
子名字的歌曲，A
Letter From Susan
亦是 Joe Junior 的
個人創作。

Girl On a Bus b/w
Don't Forget To Catch Me (D281)

兩首單曲均是
Cliff Richard 的
情歌，Joe Junior
很適合演繹這類
作品。

My First Day Alone b/w
Please Don't Ever Leave Me (D288)

Joe Junior 唱
的 My First Day
Alone 絕不比
美國組合 The
Cascades 遜色。

How Many Times (Will I Send You Kisses)
b/w I'm Not Getting Married (D290)

這是 Joe Junior 在
Diamond 時代出版
的最後一張細碟。

Love b/w Come On In
(Polydor 2076 001)

這一張是寶麗多唱片
公司 (Polydor) 最早
期推出的細碟,製作
陣容是當年出征日本
博覽會的組合 Soul
Agents。

Everything I Touch Turns To Tears
b/w Lucy's Lovin' (Polydor 2076 003)

這張唱片 Joe
Junior 感覺上比
以前成熟了許多。

But Now It's Over b/w
First Thing On My Mind (Polydor 2076 005)

But Now It's Over
是馮添枝為 Joe
Junior 所作的,
碟內還附上歌詞。

Song Bird b/w When You Sing
(Philips 6002011)

When You Sing
是 1975 年流行歌
曲比賽的參賽歌
曲,奪得殿軍。

EP Joe Jr.

When b/w You're The Woman
(Philips 6002016)

Joe Junior 後期
推出的英文細碟,
現在二手唱片市
場上已甚難覓得。

Hit EP (DEP022)

Joe Junior 在鑽
石唱片公司旗下
的精選 EP,唱片
另一面是 Teddy
Robin 的歌曲。

Joe Jr. & The Side-Effects

Effective
(LP-1037)

Side A
1. Here's a Heart
2. Deborah
3. Funny How Love Can be
4. The Last Waltz
5. So Much in Love With You
6. Medley - I Only Came to Say Goodbye, Once Upon a Time, A Letter, I Gotta Find Cupid

Side B
1. That's The Way Love Is
2. Come Back When You Grow Up
3. We've Got A Good Thing Going
4. To Sir With Love
5. Walk Hand In Hand
6. Where Are All The Flowers Gone

1967 年 | Joe Jr & The Side-Effects 的第一張大碟，包括 Joe Junior 的首本名曲 Here's A Heart 和 Deborah。

Tribute
(LP-1041)

Side A
1. Congratulations
2. Outsider
3. All My Love
4. La La Song
5. Do You Want To Dance?
6. A Voice In The Wilderness

Side B
1. Look Homeward Ange
2. Bachelor Boy
3. It's All In The Game
4. Catch Me
5. Don't Talk To Him

1968 年 | Cliff Richard 是 Joe Junior 的偶像，唱片公司索性出版一張向其致敬的大碟。這很可能是香港樂壇第一張向外國歌手致敬的大碟。

Joe Jr.

The Voice of Love
(LP-1043)

Side A
1. Have I told you lately that I love you
2. And I love her
3. You can never stop loving me
4. The voice of love
5. Can't help falling in love
6. Will you love me tomorrow

Side B
1. A man without love
2. True love will come to you
3. Send someone to love me
4. To know you is to love you
5. Love letters in the sand

1968 年 | 這張唱片的製作概念頗堪玩味——唱片中的歌名全部都有 Love 這個字，正好切合大碟名稱 The Voice of Love，心思十足。

Exclusively Yours
(LP-1051)

Side A
1. My first day alone
2. Let me tell your fortune
3. Exclusively Yours
4. Over you
5. I'll make you mine
6. A letter from Susan

Side B
1. Please don't ever leave me
2. Some Day
3. I only want to be with you
4. Have a heart
5. Why don't you let me stay

1969 年 | 不知道這封套當年俘虜了多少女歌迷的心？唱片公司成功為 Joe Junior 塑造一個鄰家男孩的形象，誰説六十年代夾 band 的都是飛仔？

The Best of Joe Jr.
(LP-1055)

Side A
1. Exclusively Yours
2. Walk hand in hand
3. Girl on a bus
4. A letter from Susan
5. Look homeward angel
6. You can never stop me loving you

Side B
1. Here's a Heart
2. A man without love
3. Deborah
4. Once upon a time
5. Funny how love can be
6. Please don't ask about barbara
7. A letter

1970 年 | Joe Junior 的精選唱片，收錄的歌曲首首精彩，百聽不厭。

VIth
(Polydor 2427-003)

Side A
1. Everything I touch turns to tears
2. But now it's over
3. Send Suzanna home
4. Don't ask me to be friends
5. It's a shame
6. Little miss goodie Two Shoes

Side B
1. First thing on my mind
8. She's everything to me
3. She works in a woman's way
4. Too Proud
5. Theme for the lost
6. Lucy's Lovin'

1971 年 | VIth 顧名思義是指 Joe Junior 第六張大碟。這亦是他在寶麗多時期唯一一張大碟，當中有一半歌曲例如 But Now It's Over 是之前推出過細碟的。

Susie Darlin'
(WHLP 1037)

Side A
1. Stairway to Heaven
2. You'll Never Walk Alone
3. Don't be afraid, Little Darlin'
4. Season in the Sun
5. If Mary's There
6. Smile

Side B
1. Susie Darlin'
2. Where have you been
3. Gee
4. You Mean Everything to Me
5. I must be dreaming
6. Spanish Harlem

1974 年 │ Joe Junior 轉投永恆唱片公司推出的 Susie Darlin'，聽說 Joe Junior 的太太就是喚作 Suzanna。

樂隊
──
陣容
──
變化

The Zoundcrackers
Joe Jr.、Alex Tao、Ali Kitchell、Jimmy Gibson、Norman Leung
↓
Joe Junior & The Side-Effects
Joe Jr.、Alex Tao、David Tong、James Fong、Robert Lee

Samuel Hui
@ The Lotus

TRACK 3
Samuel Hui
@The Lotus

Samuel Hui
@The Lotus

「人人頭擰擰，支咪亂咁 FING 幾大要搶鏡，人人成頭汗，一於裝嘅蚍，期望快快成為世界最勁嘅 BAND」
——許冠傑《潮流興夾 BAND》

在蘇屋邨長大的許冠傑，父母都是音樂愛好者。父親許世昌是一名粵曲迷，母親李倩雲從前是一名播音員，耳濡目染之下，許冠傑自少就對音樂產生濃厚興趣。

受兄長許冠文的影響，許冠傑自少年時代已開始接觸西方流行音樂。1964年，許冠傑組成他的第一支樂隊，取名 Harmonicks。Harmonicks 解散之後，他加入過 Bar Six（成員包括威利），

在總統酒店地牢的 Firecracker（炮仗吧）演唱。1966年，許冠傑加入了 The Lotus（蓮花樂隊），成員包括有 Wallace Chow 周華年（主音結他）、Albert Li 李松江（結他）、Danny So 蘇雄（低音結他）及 David Cheung 張浚英（鼓）。

Lotus 早於 1963 年組成，第一代的成員 除 Albert Li、Danny So 和 David Cheung 外，還有主音歌手兼主音結他手 Louie Leouy。1964 年，Louie 離開香港到英國，主音結他的位置由 Peter Yip 取代，Albert Li 則同時擔任主音歌手。

要數六十年代的香港樂隊，The Lotus 可說是無人不曉。

大約 1965 年，Lotus 參加公開音樂比賽並奪得亞軍。他們參賽的歌曲是 Chuck Berry 的〈Johnny B Goode〉和 The Yardbirds 的〈Heart Full of Soul〉。 其後 Peter Yip 離隊並由 Wallace Chow 補上。周華年的加入令樂隊的技術層面更上一層樓，而許冠傑的加盟更令樂隊迅速竄紅。

樂隊取名「蓮花」是有特別意思的，因為眾位成員喜歡跑車，而 Lotus 是六十年代最有名的跑車品牌之一，蓮花也有「出淤泥而不染」的意思，更代表他們是一支全華人組成的樂隊。不要奇怪，六十年代很多香港 pop scene 的樂隊都是華洋共處的，band 仔當中什麼國籍都有，包括華人、英國人、葡國人、菲律賓人等。

初出道時許冠傑採用英文名 Samuel，至七十年代才簡稱 Sam。很多歌迷也知道許冠傑的四兄弟用文、武、英、傑來排行，但鮮為人知的是，他的祖父原先屬意文、武、英、雄的。不過可能「雄」和「紅」同音，Sam 的母親覺得有點女孩味道，而且覺得「雄」字比較俗，所以就把許冠雄改為許冠傑。

早期的 The Lotus。
當時許冠傑及周華年尚未加盟。

雜誌以全版篇幅介紹 The Lotus
到無綫電視拍攝節目的花絮。

蓮花樂隊時期的許冠傑已經穿上皮褸上台唱歌了，是不是很有台型？（左）
許冠傑的照片大都是面帶笑容，可見其樂觀開朗的性格。（右）

許冠傑成萬人迷

許冠傑和他的蓮花樂隊在格蘭酒店地庫的 Grotto 兼職演出，也經常到學校舞會和其他地方的 party 表演，他們更在麗的映聲的電視節目《樂韻心聲》當過表演嘉賓，許冠傑在這段期間漸漸摸索出自己的表演風格。

1967 年 11 月 19 日，無綫電視開台，邀請 The Lotus 擔任年青人節目《Star Show》的常駐表演樂隊，逢星期一至五傍晚六時播出，主持是 Gigi Yu 余杏美；那時的許冠傑仍在英華書院就讀預科。透過公仔箱入屋的 Lotus，大受觀眾歡迎。高大英俊的許冠傑更俘虜了不少少女的心。

agical Mystery Tour to TVB

EVERY SUNDAY afternoon for the past month or so a couple of hundred 'screamagers' have been taking a 'Magical Mystery Tour' up to the HK-TVB studios in Lung Cheung Road, Kowloon, to watch the Lotus and their guests film the popular STAR Show.

They all love the new 'live' format, there's always a lot of excitement, fun and games.

There have been contests for the teenagers to take part in such as the Coca Cola drinking contest which was more fun than a barrel of monkeys (or Monkees at that!)

And everyone loved the dragon dance which the Lotus put on at Chinese New Year.

● HOLD it! Not too much now!

● ALL ABOARD for The STAR Show!

you want
m club all
do is fill
which ap-
me to time
age in The
tus Danny
Lotus fans.

nnuel just
signs and
price of
that's the
am on the
month's
NGKONG
ning,

● THERE were no firecrackers this year but who cares! The Lotus made up for it with their exciting dragon dance on The STAR show.

● ISN'T Tony Ting lucky having all those pretty girls around him?

蓮花樂隊的演出。
圖片摘自雜誌的跨
頁海報。

正在看歌迷信件的許冠傑，露出迷人的微笑。

我熱愛着蓮花樂隊，我更熱愛着我心中的偶像——山姆。他確實有他成功之處。單憑着一曲〈Just a Little〉便使蓮花樂隊成名起來了。啊！山姆，你的確是有着漂亮的嗓子的。你的歌聲，真的叫人為你瘋狂。柔和，帶着一點的沙啞——便是你底的聲調，你知道嗎？我真的永遠不會忘記你底溫柔的聲音的！還有，你的面孔。你有着一張迷人的臉孔——稚氣的，可愛的，真的叫人怎麼會不為你着迷呢？

我心中的山姆呀！我在這短短的幾百字裏，說出了我底的心聲，當你看見的話，請你千萬不要忘記我，Valentina。當一日我認識你的話，然後報上我的名字後，你便會知道我便是你的崇拜者啊！

但是，我知道我不會認識你的。你是一位成功的歌唱家。而我——只是一個普通的少女，正在求學的。只是，我希望你能在報章雜誌中，多刊出你的照片，那麼，我們的蓮花樂隊迷，能永遠地支持和愛戴着我們的山姆吧！

還有，山姆，你在我心中，是永遠的愛護你的！我永遠永遠不會忘記你底的歌聲和臉孔的！

這是一封由歌迷寫給許冠傑的情信，刊登在六十年代《歌迷俱樂部 POP》雜誌中。以前的人一般比較含蓄和保守，不過相信現在的歌迷也寫不出這麼大膽直接的情信吧。從這封情信也可以看到當時 Lotus（或許冠傑）的魅力。

據說 Lotus 和當時鑽石唱片公司的經理人 Lal Dayaram 因簽約無綫電視一事鬧不和，遭唱片公司雪藏。所以當紅的 Lotus 在 Diamond 只推出過六首歌，包括兩張細碟和合輯《Hit Makers》中的兩首歌。Lotus 最膾炙人口的作品要算是〈Just a Little〉，這首歌的原唱是一支三藩市樂隊 Beau Brummels。雖然這並非 Lotus 的原創歌曲，但他們也不是照板煮碗跟足原曲的編排，而是用自己的風格來重新演繹。事實上，不少歌迷都認為 Lotus 的版本比原唱更精彩。許冠傑後來亦把〈Just a Little〉譜上粵語歌詞，那就是大家耳熟能詳的〈等玉人〉。Lotus 其後推出的細碟更嘗試有自己的創作，〈I'll Be Waiting〉是許冠傑首次面世的作品，可說是開創了其日後創作歌手的路線。

《許氏兄弟專輯》特刊。

踏上個人發展之路

1969 年許冠傑考進香港大學，主修心理學，遂沒有跟鑽石唱片公司續約。1970 年他在麗風唱片的民歌大碟《First Folk Album》和《Second Folk Album》都有份參與，其中許冠傑主唱的〈Interlude〉成為流行榜的冠軍歌。1971 年和兄長許冠文在無綫電視主持電視節目《雙星報喜》，在節目中播出他的第一首廣東歌〈鐵塔凌雲〉的 MV，結果獲得很大迴響，成為許冠傑歌唱事業中一個重要的里程碑。

Lotus 並沒有因許冠傑轉為個人歌手發展而解散，許冠傑和幾位前隊友一直維持友好關係，樂隊亦不時和許冠傑合作。1974 年在大會堂舉行的演唱會，就是和 Lotus 一起演出的。Lotus 的隊員也有多次改變，不同時期分別有 Johnson Wong、來自玉石樂隊（Jade）的 Patrick Yeung 和 Bingo Tso 、 歌手 Danny Tong 和低音結他手 Tommy Choi 加入。

許冠傑在電視節目演出。

「肥仔」周華年（右一）
音樂才華出眾，後來當
上唱片監製更打造多張
出色廣東大碟，可惜因
病英年早逝。（本圖攝
於七十年代許冠傑與蓮
花樂隊的演唱會）

Lotus 另一骨幹成員「肥仔」周華年（Wallace Chow）在七十年代開始轉任唱片監製，曾經替徐小鳳、蔡國權和出道早期的張學友監製歌曲。1985年和歐丁玉一起替張學友監製的大碟《Smile》，獲得香港電台十大中文金曲的最佳監製獎。可惜天妒英才，周華年在1987年因病英年早逝。許冠傑同年在演唱會獻唱 Lotus 成名作〈Just a Little〉，送別這位相知多年的隊友。

Rock & Roll 是
許冠傑的音樂根源

回顧許冠傑在六十年代的樂隊生涯，從 Harmonicks 到 Bar Six 及至 Lotus，大概有五六年的時間。這一段組 Band 歲月對許冠傑日後的獨立發展有着深厚影響。

許冠傑是一位忠實的貓王（Elvis Presley）歌迷，這已經不是什麼秘密了。轉唱廣東歌的許冠傑曾經多次改編貓王的經典金曲，例如改編自〈Don't Be Cruel〉的〈佛跳牆〉、改編自〈I Need Your Love Tonight〉的〈錢會繼續嚟〉、改編自〈Ku-U-I-Po（Hawaiian Sweetheart）〉的〈我愛你〉、改編自〈Angel〉的〈往事〉、改編自〈In The Ghetto〉的〈木屋區〉、改編自〈Summer Kisses Winter Tears〉的〈柔情淚〉和改編自〈（You're So Square）Baby I Don't Care〉的〈咪當我老襯〉等等。許冠傑亦不時以貓王打扮公開演出，1978年的第二屆香港金唱片頒獎典禮中，許冠傑即以一身皮褸皮褲的貓王裝束上台領獎獻唱，可見他對貓王的熱愛。

1955年 Bill Haley & his comets 憑〈Rock Around the Clock〉開創了 Roll & Rock 的音樂先河；1974年許冠傑憑他的第一張廣東大碟《鬼馬雙星》，帶領香港樂壇進入粵語流行曲主導的新世代。強勁的搖滾節拍配上詼諧鬼馬反映時弊的歌詞，成為了許冠傑歌曲中的一大特色。許冠傑在他的第六張粵語專輯《79夏日之歌集》中，就把〈Rock Around The Clock〉改編為〈加價熱潮〉，亦是整張專輯唯一一首改編歌，頗有向其喜愛的搖滾樂致敬的意味。◎

The Lotus

Just a Little b/w
Spoonful of Sugar (D246)

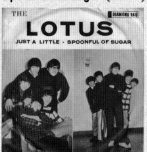

Just a Little 是
Lotus 最膾炙人口
的單曲。

I'll Be Waiting b/w
Cute Little June (D254)

Lotus 的第二張
細碟，清一色
Beatles 式的「冬
菇頭」造型十分
有趣。

LP **The Lotus**

Hit Makers (LP-1031)

兩首 Lotus 滄海遺珠的單曲：
Kicks 和 By My Baby，只收錄
在這張合輯大碟中。正因為這
兩首珍貴錄音，令這唱片在二
手市場極為渴求。

唱 片 清 單

The Lotus (I)

Louie Leouy、Albert Li、Danny So、David Cheung

↓

The Lotus (II)

Peter Yip、Albert Li、Danny So、David Cheung

↓

The Lotus

Samuel Hui、Danny So、Wallace Chow、
Albert Li、David Cheung

樂隊
—
陣容
—
變化

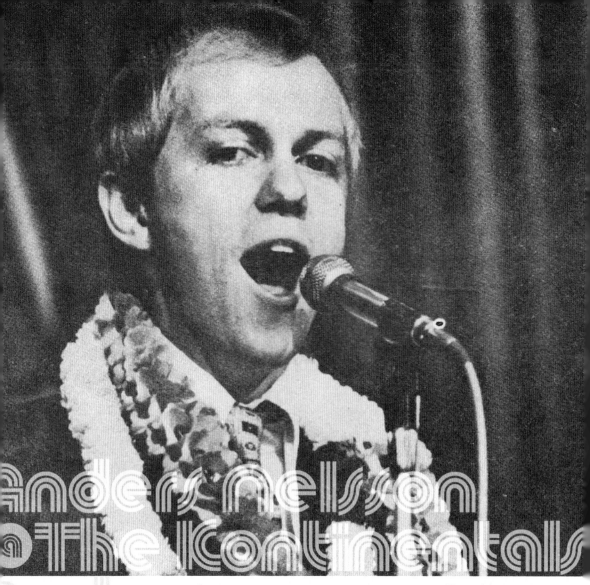

TRACK 4
Anders Nelsson
@The Kontinentals,
Anders Nelson & The Inspiration

Anders Nelsson
@The Kontinentals,
Anders Nelson & The Inspiration

Anders Nelsson 是六十年代香港 pop
scene 的代表人物之一。祖籍瑞典的
Anders，生於美國，從小移居香港。
他的中文名是聶安達，綽號「金毛虎」。
Anders 的 原 名 叫 Anders Gustav
Nelsson。 Nelsson 是有兩個 "s" 的，
由於這個串法較少人用，所以早期
Anders 出版的唱片都用上 Nelson 作為
名字。[1]

中學時代的 Anders 已經開始玩音樂，
樂隊名字叫 Vampires。隨後和幾位就
讀英皇佐治五世學校的同學組成樂隊
The Kontinentals。 據 Anders 在 一 次
訪問中說，那時的「飛仔」很喜歡把 C
字開首而又是 K 字發音的詞語，統統
改為 K 字開首，例如 Cool 改為 Kool，
Cat 就是 Kat，Kontinentals 的名字就
是這樣來的。

Kontinentals 時期的 Anders
Nelsson 已十分有台型。

1. 另有一個說法指出 Nelson 這個拼法其實
是早期唱片公司出錯，後經 Anders Nelsson
要求才得以更正。見環球唱片《Hong Kong
Muzikland of The 60/70s II 101》 CD 內的簡
介小冊子。

Kontinentals 的六位成員包括： Anders Nelsson（主音）、Mike Souza（琴鍵）、Danny Piry（結他）、Roy Davenport（結他）、Dave Christian（主音）和 Sidney Fattedad（鼓）。

The Kontinentals 冒起

課餘其間，Anders 在一間小型本地唱片公司 Orbit Records 兼職，這段時間的工作讓他有機會了解到唱片公司的運作，這些寶貴經驗成為他日後從事音樂事業的基礎。約 1965 年，Orbit 以試驗性質替這位對音樂充滿熱誠的年青人

The Kontinentals 成員包括（由下而上）：
Roy, Sidney, Anders, Dave, Danny, Mike。

和他的樂隊 Kontinentals 出版了首張細碟〈I Think of Her〉，這是結他手 Roy Davenport 為 Anders 度新訂造的慢版情歌，相當受歡迎，其後推出的〈I Still Love You〉，反應更是超出預期。[2]〈I Still Love You〉是 Anders Nelsson 的成名作，也是他最重要的一首作品。Anders 往後曾經多次重新灌錄這首名曲，歌手蔡國權於八十年代亦唱過這歌的中文版，歌名叫〈長夜〉。

Anders 外表俊朗，能操流利英語和廣東話，又擅唱情歌，加上其音樂才華，令 Kontinentals 很快成為香港當時得令的組合。可惜在 1965 年，Anders 要回到瑞典服兵役，Kontinentals 無可奈何地要解散，並在大會堂舉行告別演唱會。在瑞典期間，Anders 在 Anette 唱片公司出版過一張細碟，包括單曲〈I Still Love You〉和〈Listen to My Plea〉。由於這張唱片在瑞典推出，所以十分罕有。

2. 關於 The Kontinentals 首張唱片，翻查手上的《I Think of Her b/w I Want You To Know》和《I Still Love You b/w (Who Says) A Man Shouldn't Cry》兩張細碟，上面都寫有 1965 年的字眼。網上查找 The Kontinentals 的〈I Still Love You〉資料時，發現不少網頁寫成 1963 年，估計是誤傳的資料。

Anders Nelson & The Inspiration

Evan Choi　　　　　陳家蓀　　　　　Anders Nelsson　　　　John Barry

1967 年 12 月號的
《Fabulous Young Hong
Kong》，Anders Nelsson
登上封面。

Anders Nelsson 唱作皆
精，圖為他在《Sound
Beat》節目中演出。

另外，琴鍵手 Mike Souza 離隊後加入了香港電台成為 DJ，主持以年青人對象為主的音樂節目。Mike Souza 曾經出版過一張個人細碟《It's Getting Better b/w Galveston》。

Anders Nelson & The Inspiration： 原創作品為主

Anders 返港後立即投入樂壇，跟 Ricky Souza（鼓）、Francis Tsai（低音結他）和陳家蓀 Ricky Chan（琴鍵 / 結他） 組 成 Anders Nelson Group[3]，並簽約鑽石唱片公司，推出單曲細碟

《Out of Sight Out of Mind b/w One Million to One》。之後因 Ricky Souza 和 Francis Tsai 離隊，Anders Nelson Group 改 組 為 Anders Nelson & The Inspiration，當中兩位離隊成員的位置分別由 John Barry 和 Evan Choi 補上。John Barry 後期離隊，由鼓手 Norman Leung 取代。

---

3. Ricky Souza 本名 Henrique Souza，早期曾擔任另一支樂隊 Astro-Notes 的鼓手，後期也曾短暫加入 The Mystics。至於琴鍵手陳家蓀後來成了 Teddy Robin & The Playboys 的第六位成員。

Anders Nelsson 是 live show 的常客。

Anders Nelson & The Inspiration 在鑽石唱片公司旗下出版過數張細碟和一張大碟，全部歌曲屬 Anders 的原創作品。在六十年代，大部分本地樂隊都是翻唱外國歌手或樂隊的歌曲，全創作路線的本地樂隊極為罕見。我們難以期望一支由學生組成的樂隊，可以完全擺脫外國歌手或樂隊的音樂風格，但 Anders 証明了香港樂隊一樣可以擁有自己的創作，不一定要做 copy cat，這對香港樂壇的發展有深遠的意義。另一方面，鑽石唱片公司在音樂上給予他們很大的自由度，這也是對他們音樂創作的一種肯定。

Anders Nelson & The Inspiration 的作品風格主要為輕快的流行曲和情歌。例如重新灌錄的〈I Still Love You〉以及〈Missing You〉、〈Jenny〉、〈I've Changed My Mind About You〉等等。其中歌曲〈How Do You Do〉中夾雜兩句 Anders Nelson 的廣東話獨白「你好，我想同你做朋友」，風趣幽默，顯露出他們音樂上的創意。鑽石唱片公司後期亦出版過 Anders Nelson 的個人細碟〈Take a Little, Give a Little〉和〈Box〉。

Anders Nelson 也曾經組成樂隊 TimeWarp，成員除了他，還有 John Wong（主音結他）、Willy Han（低音結他）、Anna Chui（琴鍵）和 Steve Tebbutt（鼓）。TimeWarp 維持了很短的時間，大概 1968 年解散。Willy Han 其後成了 Roman & The Four Steps 成員。

後期樂隊：Gingerbread 和 Ming

1971 年，Anders Nelsson 加入 Gingerbread，並到日本等地演出。Gingerbread 解散之後，Anders 在 1973 年組成樂隊 Ming，中文名叫「盟」，在 EMI 出版過數張細碟和三張大碟。Ming 的成員包括 Anders Nelsson（主音／結他）、Ronald Chan（低音結他）、Hardy Li（琴鍵）、Mario Bernardo（主音／結他）和極少有的女鼓手：鄔馬利（Maria Wu）。Ming 灌錄的都是英文歌，但樂隊成員卻刻意穿上富中國色彩的服飾，營造一種中西合璧的鮮明形象，相當新穎。

Ming 維持了 3 年後解散，之後 Anders 轉投幕後工作，成立過自己的製作公司，亦擔任過唱片公司的高層，偶爾演出電影和電視劇，也有參與電影配樂。

Anders 的幕前演出

一部恐怖電影之所以恐怖，除了劇情之外，配樂也是當中極為重要的一環。Anders Nelsson 在 1986 年憑電影《殭屍先生》奪得香港電影金像獎最佳電影配樂，戲中由 Anders 作曲、鄭國江作詞的主題曲〈鬼新娘〉，棄用傳統歌星，破格地起用傑兒合唱團主唱。兒童合唱團的歌聲搭配鬼魅的殭屍電影，形成一種強烈的對比，效果出奇地好，成功營造出陰森恐怖的感覺。《殭屍先生》這部電影成功開創了八十年代殭屍片的熱潮，Anders 的精彩配樂可謂功不可沒。

Anders 曾參演電視劇《浴血太平山》和《再會太平山》，他因客串電影《猛龍過江》其中一幕，而為世界各地李小龍迷所認識。2000 年，Anders 在韋家輝監製的電視劇《世紀之戰》中，演出股壇大鱷賽斯一角，跟鄭少秋、劉青雲等好戲之人有大量對手戲，是亞洲電視其中一部高收視的劇集。

活躍創作，寶刀未老

一直以來 Anders 沒有停止創作音樂，轉戰幕後的他寫過不少紅極一時、為人熟悉的經典廣東流行曲，包括鐘鎮濤的〈閃閃星晨〉、露雲娜的〈豆芽夢〉、譚詠麟的〈愛人女神〉等等。

Anders 涉獵的音樂類型廣泛，2005 年他另組 Anders Nelsson and Infinity，於世界各地的宴會、舞會、派對等場合演出，演出作品類型包括爵士、搖滾以至五六七十年代的懷舊金曲。2006 年他和色士風手 Andrew Oh 合作推出專輯《雙星拍門》，一反傳統把中文流行曲譜上英文歌詞重新演繹，變成了英文版的〈南泥灣〉、〈為妳鍾情〉、〈月亮代表我的心〉，令人耳目一新。這張「西詞東曲」的專輯在歌迷間得到不錯的評價。接着也推出過《Anders Nelsson Notebook》和參與專輯《Perry Martin Audiophile CD》等。

對流行音樂有豐富認識的 Anders Nelsson 也兼任 DJ，在香港電台主持音樂節目，不忘和廣大樂迷分享他喜歡的音樂。◉

Anders Nelsson 自年青時代加入本地樂壇，半世紀後的今天仍然活躍於音樂圈子。

SINGLE The Kontinentals

I Think of Her b/w I Want You To Know
(Orbit Record O.B.1)

Kontinentals 的第一張細碟，見證香港樂隊潮流的萌芽。片芯罕有地印上錄音日期：1965年4月10日。

I Still Love You b/w
(Who Says) A Man Shouldn't Cry (Orbit Record O.B.2)

I Still Love You 是 Anders Nelsson 成名之作，唱片於 1965 年出版。

I Still Love You b/w Listen to My Plea
(Anette AS101)

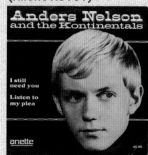

Anders Nelsson 在瑞典推出的一張罕見細碟。

SINGLE The Anders Nelson Group

SINGLE Anders Nelson & The Inspiration

Out Of Sight, Out Of Mind b/w
A Million to One (D257)

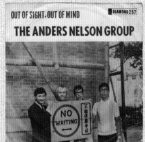

The Anders Nelson Group 維持了很短的日子便告變陣，樂隊就只出版過這一張細碟。

Missin' You b/w
I Still Love You (D262)

Anders Nelson 和 The Inspiration 合作的第一張唱片就選擇重新灌錄 I Still Love You。照片背面的建築物是不是文華東方酒店呢？

How Do You Do?
b/w Waving To Me (D268)

How Do You Do
是一首調子輕快、
歌詞內容風趣的
作品。

You You You
b/w Jenny (D277)

You You You 和
Jenny 都是十分
討好歌迷的情歌。

SINGLE Anders Nelson

Take a Little, Give a Little b/w
Black Ode To Jill (Where's Jack?) (D280)

帶有 East Meet West
（東西相會）味道的唱
片封套，後來 Anders
Nelsson 在七十年代
的組合 Ming 亦大玩中
國服飾的形象。

Box b/w
All For The Love of a Girl (D291)

Anders Nelsson
在 Diamond 灌錄
的最後一張細碟，
比較罕見。

LP Anders Nelson & The Inspiration

Inspirations
(LP1044)

Side A
1. How Do You Do
2. Jenny
3. What Can You Do?
4. I Still Love You
5. Missing You

Side B
1. Out of Sight, Out of Mind
2. Summer Snowman
3. Thoughts
4. Aren't You Satisfied?
5. I've Changed My Mind About You
6. A Million To One

1968 年 | Inspirations 是六十年代難得一見的本地原創英文唱片，
封面設計富六十年代 Flower Power 味道，封套背面更罕有地印上全碟歌詞。

Vampires

↓

The Kontinentals

Anders Nelsson、Mike Souza、Danny Piry、Roy Davenport、
Dave Christian、Sidney Fattedad

↓

Anders Nelson Group

Anders Nelsson、Ricky Souza、Francis Tsai、Ricky Chan

↓

Anders Nelson & The Inspiration (I)

Anders Nelsson、John Barry、Evan Choi、Ricky Chan

↓

Anders Nelson & The Inspiration (II)

Anders Nelsson、Norman Leung、Evan Choi、Ricky Chan

↓

TimeWarp

Anders Nelsson、John Wong、Willy Han、Anna Chui、 Steve Tebbutt

↓

Gingerbread

↓

Ming

Anders Nelsson、Ronald Chan、Hardy Li、Mario Bernardo、Maria Wu

在聽歌迷傾訴心事嗎？

Anders Nelsson 個人網址
http://www.andersnelsson.com

TRACK 5
The Fabulous Echoes

TRACK 5

The Fabulous Echoes[1]

The Fabulous Echoes（回音樂隊）
在六十年代初組成，可說是本地最早
冒起的一支樂隊。他們的前身是由
Tony Ruivivar 和 Danny Ruiviar 兩兄
弟組成的 The Blue Echoes，後來加入
幾位不同國籍的成員，遂改名為 The
Fabulous Echoes。隊員包括菲律賓籍
的 Tony Ruivivar（主音結他）、Danny
Ruivivar（鼓）、Terry Lucido Jr.（琴
鍵）、Bert Sagum（敲擊樂／管樂器）、
斯里蘭卡籍的 Cliff Foenander（主音歌
手）和蘇格蘭籍的 Stanley Robertson
（低音結他）。

Cliff Foenander 加入 Fabulous Echoes
之前已經是有名的歌手，在斯里蘭卡有
「抒情歌王」（King of Crooners）的
美譽。在錫蘭電台的推介下，Cliff 的
作品在五六十年代已相當受歡迎，其
中一首熱播歌曲是〈Butterfly In The
Rain〉[2]。 Tony 和 Danny Ruivivar 則
生於音樂世家，他們的父親當時為半島
酒店的樂隊領班；Bert Sagum 的叔叔

Barry Yaneza 也是音樂人，被譽為香
港的 Harry James[3]。

Fabulous Echoes 早於六十年代初已
經被香港著名 DJ Uncle Ray 邀請在麗
的呼聲的每週電台直播節目《Rumpus
Time》作現場演出。鑽石唱片公司葡
萄牙籍老闆 Da Silva 的女兒 Frances
Silva-Kirk 看了 Fabulous Echoes 的
演出後，覺得他們是匹千里馬，大有
可為，於是自薦成為他們的經理人，
Fabulous Echoes 就跟鑽石唱片公司簽
下了唱片合約。

---

1. 本文部分內容由博客遠航者遊蹤 Stanley MH Lai 先生提供，並經同意轉載，特此鳴謝。

2. http://worldmusiccentral.org/2007/11/10/remembering-cliff-foenander-of-the-fabulous-echoes/

3. Harry James（1916-1983），美國知名爵士樂手，擅長吹奏小號。

在 Frances 的 安 排 下，Fabulous Echoes 開始在香港著名的百樂門夜總會（Paramount Nightclub）演出，與當時最紅的夜總會樂隊 Giancarlo & His Italian Combo 同場表演，從此樂隊的名聲便從香港遠播至東南亞和澳洲等地。鑽石唱片公司亦安排他們與女歌手江玲合作，推出過兩張大碟：《Dynamite!》和《江玲與回音樂隊（第二集）》；在這兩張專輯中，Fabulous Echoes 負責伴奏以及和音，創先河地以中西歌詞夾雜的方式，演唱歐西流行曲。1963 年，著名美國樂隊 The Ventures 首 度 來 港 演 出，Fabulous Echoes 有幸和江玲一同成為演唱會的表演嘉賓。

1963 年，Fabulous Echoes 推出單曲〈A Little Bit of Soap〉，取得空前的成功，在香港、新加坡和馬來西亞榮登電台流行榜榜首。Fabulous Echoes 的版本甚至比 The Jarmels 的原唱版本更廣為樂迷認識，在東南亞地區電台所聽到的這首歌，基本上都是 Fabulous Echoes 的翻唱版本。同年，他們亦推出了第一張大碟《Those Fabulous Echoes》，這張唱片亦是鑽石唱片公司第一張的香港樂隊大碟，為六十年代香港樂隊潮流的興起打下基石。唱片中亦包括他們另一首熱播單曲〈Dancing

1963 年 1 月 25 日的《Music Maker》，頭條為 Fabulous Echoes 的〈A Little Bit of Soup〉成為 Hit Parade 的 No. 1。

On The Moon〉，原曲為 Trade Martin
於 1962 年推出的〈We'll be Dancing
On The Moon〉。2010 年，由羅啟
銳執導的電影《歲月神偷》，用上
〈Dancing On The Moon〉為開場歌
曲，令 Fabulous Echoes 重新受到樂
迷的注目。

Fabulous Echoes 在鑽石唱片公司旗
下屬於多產樂隊，出版過的細碟不計其
數，大碟共有四張，另有一張精選專
輯。他們也破格地和諧星鄧寄塵合作灌
錄唱片《鄧寄塵之歌》，其中改編自
Pat Boone 名曲〈Speedy Gonzales〉
的〈墨西哥女郎〉，歌詞風趣幽默，至
今仍為歌迷們津津樂道。

1965 年他們獲邀到美國拉斯維加
斯 的 Sahara-Thunderbird 酒店作表
演，席間巧遇美國著名電視節目《The
Ed Sullivan Show》 的 主 持 人 Ed
Sullivan，之後更獲邀在他的電視節目
中演出。其後 Fabulous Echoes 亦在
美國的電視節目《The Mike Douglas
Show》和《Shindig》中亮相，成功打
入美國市場，同時他們也漸漸淡出香港
樂壇。

圖中的 The Fabulous Echoes 為第二代陣容，
上排：Don Gay，中排（左起）：Danny
Ruivivar、Tony Ruivivar、 Bert Sagum 及
前排（左起） ：Terry Lucido Jr.、Stanley
Robertson。原先的主音 Cliff Foenander（見
本篇開首圖左一）已離開。

珍貴的 Fabulous Echoes
明信片。
明信片是尖沙咀 Bayside
夜總會為紀念 Fabulous
Echoes 赴美發展，舉行
Farewell 演出而印製。

在 Sahara-Tahoe 酒店（按：
跟 Sahara-Thunderbird 酒店應屬同
一集團）表演期間，主音歌手 Cliff
Foenander 惹上桃色糾紛，更接到黑
幫的死亡恐嚇。Sahara-Tahoe 酒店同
時又發生炸彈驚魂，酒店管理層遂向
樂隊經理人 Frances 提出撤換主音歌
手的要求，否則便與樂隊解約。Cliff
Foenander 為大局着想，只好無奈離
隊。

1967 年，他 們 在 Warner Brothers
旗下，出版了一張現場演唱專輯
《Breakin'It Up At Dukes! Recorded
Live》，主音位置由 Don Gay 取代。

1968，Fabulous Echoes 前往夏威夷
發展，並改組為 Society of Seven[4]，
簡 稱 SOS。其 後，Terry Lucido, Jr.
和 Danny Ruivivar 相繼離世，Cliff
Foenander 移居了澳洲。Tony Ruivivar
和 Bert Sagum 則始終是 Society of
Seven 的骨幹成員，並繼續他們的表
演事業達 40 多年之久，成為夏威夷
最著名的樂隊。至於 Cliff Foenander
在澳洲也曾推出過專輯《Second
Chance》。◎

4. Society of Seven 官方網站 http://www.
societyofseven.com/

Do The Mashed Potatoes
b/w A Little Bit of Soup (D167)

A Little Bit of
Soup 是 Fabulous
Echoes 的首本名
曲，原唱者是一隊
叫 The Jarmels 的
美國組合。

I Know b/w Loop De Loop (D180)

I Know 是美
國 R&B 歌手
Barbara George
於 1961 年推出的
冠軍歌曲。

Dancing On The Moon
b/w Sunshine (D187)

除了 A Little Bit of
Soup 之外，Dancing
On The Moon 可算是
Fabulous Echoes 最
廣為歌迷認識的一首
歌。這張細碟另有一個
版本，收錄的歌曲是
Sunshine 和 Carmen
Twist。

Waray Waray b/w
Little Peanut Shell (D218)

這張細碟的兩首
歌都沒有收錄在
Fabulous Echoes
的大碟當中。

Quit Messin' Around b/w
Please Leave Her To Me (D225)

在美國拉斯維加斯錄
音的細碟，這兩支單
曲是經理人 Francis
和 Fabulous Echoes
隊員一同創作的。

Michael b/w
To Be My Love (D227)

To Be My Love
是 Fabulous
Echoes 自己的原
創歌曲。

The Wedding b/w La Novia (D233)

La Novia 是西班牙文歌曲，它的英文版 The Wedding 由 Julie Rogers 原唱，於 1964 年推出。

You've Lost That Lovin' Feeling b/w Hang On Sloopy (D234)

The Righteous Brothers 的 You've Lost That Lovin' Feeling 在當時是大熱歌曲。

The Fabulous Echoes from Hong Kong (IND-81)

罕有的 Fabulous Echoes 細碟，美國製造，片芯寫有非賣品字眼。歌曲 Vamos Samber 和 Sun Rise In The Morning 從未收錄在其他唱片中。

The Fabulous Echoes 出版過相當多的細碟，這裡只刊登其中部分主要的。據記錄，他們至少還出版過以下的幾張細碟

· For You b/w Wait N' See (D210)
· Cry I Do b/w Candy (D232)
· Take Me Back b/w Malaguena Salerosa (D237)
· Quit Messin' Around b/w
· Please Leave Her To me (Liberty 55755)
· I Never Knew b/w
  Keep Your Love Strong (Liberty 55769)
· Cry I Do b/w Candy (Liberty F55-801)

EP The Fabulous Echoes

Those Fabulous Echoes Vol.1 (DEP004)

Side A
1. Don't Say
2. Dancing On The Moon
Side B
1. Another Saturday Night
2. A Little Bit of Soap

這張 EP 是大碟 Those Fabulous Echoes 的細碟版，輯錄其中的四首歌。

Those Fabulous Echoes Vo.2 (DEP016)

Side A
1. Hang On Sloopy
2. Papa's Got a Brand New Bag
Side B
1. Wooly Bully
2. Ponchita

第二輯的 Those Fabulous Echoes 是大碟 Lovin' Feeling 的細碟版本。

LP # Kong Ling and The Fabulous Echoes

Kong Ling and The Fabulous Echoes – Dynamite!
江玲與回音樂隊 (LP1008)

Side A	Side B
1. I've Told Every Little Star	1. Al Di La
2. Love Me Warm and Tender	2. Mr. Sandman
3. Yum Yum Cha Cha	3. I Can't Stop Loving You
4. Sad Movies	4. La Paloma Twist
5. Let's Twist Again	5. Why Not Now
6. Moon River	6. You Don't Know Me

1962 年 | 早期的 Fabulous Echoes 曾經為歌星江玲作伴奏樂隊，這張唱片由著名樂隊領班
Vic Cristobal 編排和指揮，中西夾雜的歌詞，令人有一種 East Meet West 的感覺。

Kong Ling and The Fabulous Echoes Volume II
江玲與回音樂隊第二集 (LP1011)

Side A	Side B
1. Little Billy Falling Star	1. Sukiyaki
2. The End Of The World	2. Que Sera Sera
3. Take Good Care Of Him	3. Three Stars Will Shine Tonight
4. It's Not For Me To Say	4. Never In A Million Years
5. Roses Are Red	5. Can't Help Falling In Love
6. Jimmy Come Lately	6. South Pacific Twist

1963 年 | 經上一次成功後，唱片公司食髓知味。從唱片封套的介紹得知，今次的選曲由江玲和
Fabulous Echoes 親自決定。為了遷就江玲翻唱時男女角色換轉，把原版 Ginny Come Lately
的歌詞改為 Jimmy Come Lately; 把 Little Betty Falling Star 改為 Little Billy Falling Star。

LP # The Fabulous Echoes

Those Fabulous Echoes
(LP1010)

Side A	Side B
1. Sunshine	1. Don't Say
2. Another Saturday Night	2. Carmen Twist
3. I Know	3. Baby Elephant Walk
4. Talkin' Bout Love	4. Loop De Loop
5. A Little Bit of Soap	5. Remember Me
6. Skip To My Lou	6. Dancing On The Moon

1963 年 | 和江玲合作過專輯 Dynamite! 後，鑽石唱片公司決定為 Fabulous Echoes 推出自己的大碟。
這張唱片包括他們的成名作 A Little Bit of Soap 和 Dancing On The Moon。

Zoom!! With the Fabulous Echoes
(LP-1016)

Side A
1. Michael
2. Don't Turn Away
3. Terry The Berry
4. Everybody Knows
   (featuring Tony Myatt)
5. It Won't Be Long
6. If I
7. Bye Bye Baby

Side B
1. To Be My Love
2. Hippy Hippy Shake
3. From Russia With Love
4. Betcha Gonna Like It
   (featuring Tony Myatt)
5. Melodioa Man
6. Secret Love
7. No Longer A Fool

1965 年 ｜ 托着 BOAC 飛機模型，標誌着他們已經由一隊紅遍東南亞的樂隊衝出亞洲。Fabulous Echoes 和美國拉斯維加斯的 Sahara-Thunderbird 酒店簽了三年的表演合約，此外亦獲邀請登上著名的電視節目 The Ed Sullivan Show。

Fabulous Echoes Lovin' Feeling
(LP-1022)

Side A
1. You've Lost That Lovin' Feeling
2. Papa's Got A Brand New Bag
3. My Love Forgive Me
4. (I Can't Get No) Satisfaction
5. Medley: I Know;
   Dancing On The Moon;
   A Little Bit Of Soap

Side B
1. Hang On Sloopy
2. Wooly Bully
3. The Wedding
4. The "In" Crowd
5. King Of The Road
6. Dizzy Miss Lizzy

1965 年 ｜ Fabulous Echoes 自己的第三張大碟，他們的事業就像封套中的長梯一樣步步高陞。Fabulous Echoes 轉戰美國亦間接成為一個誘因，令鑽石唱片公司銳意簽下其他本地新晉樂隊，來取代他們在香港的位置。

In Action!
(LP-1025)

Side A
1. Malaguena Salerosa
2. Alley Cat
3. Red Roses For A Blue Lady
4. Ponchita
5. Engine Engine #9
6. Hello Dolly/Billy Bailey

Side B
1. Take Me Back
2. Roses And Rainbows
3. Turn Me On
4. A Taste Of Honey
5. Smile
6. La Bamba

1966 年 ｜ 這是他們最後一張為鑽石唱片公司灌錄的大碟。由 Danny Ruivivar 模仿 Louis Armstrong 唱他的名曲 Hello Dolly，幾可亂真。封套背面刊登了他們和歌手 Pat Boone、Jimmy Durante 及 Nancy Wilson 的合照，不知道他們有沒有讓 Pat Boone 聽過他們和鄧寄塵翻唱的 Speedy Gonzales（墨西哥女郎）呢？

Breaking' It Up At Dukes!
(WB1695)

Side A
1. Day By Day
2. Guantanamera
3. One Paddle, Two Paddle
4. You Don't Know Me
5. Cuando Calienta El Sol
6. Walk On The Wild Side

Side B
1. Mas Que Nada
2. Malagena Salerosa
3. What Now, My Love
4. Quando Quando, Quando
5. Strangers In The Night
6. Travel On Glory, Glory, Hallelujah

1967 年 | 這是 Fabulous Echoes 在美國推出的演唱會錄音唱片，當時香港甚少有歌手或樂隊出版現場錄音唱片的，所以這張專輯十分難得。可惜主音 Cliff Foenander 已被美國的 Don Gay 取代，整體的感覺跟香港時期頗有出入。

The Best of The Fabulous Echoes
(LP-1040)

Side A
1. Wooly Bully
2. Dancing On The Moon
3. Sunshine
4. Loop De Loop
5. A Little Of Soap
6. Take Me Back

Side B
1. Hang On Sloopy
2. You've Lost That Lovin' Feeling
3. The Wedding
4. Another Saturday Night
5. I Know
6. Hello Dolly / Bill Bailey

1968 年 | 人力車是香港六十年代最有代表性的交通工具，也是香港人的集體回憶。這張精選除了集合 Fabulous Echoes 最精彩的作品，亦因為這幅具有特色的封套照片，令這張唱片成為不少唱片發燒友搜羅的對象。

The Blue Echoes
↓
The Fabulous Echoes (I)
Cliff Foenander、Tony Ruivivar、Danny Ruivivar、Terry Lucido Jr.、Bert Sagum、Stanley Robertson
↓
The Fabulous Echoes (II)
Don Gay、Tony Ruivivar、Danny Ruivivar、Terry Lucido Jr.、Bert Sagum、Stanley Robertson
↓
Society of Seven

樂隊
——
陣容
——
變化

TRACK 6

The Mystics

The Mystics

The Mystics（神秘樂隊）是一支以葡國人為主的樂隊，大概 1963 年成立，早期成員包括 Michael Remedios（雷米高）（主音）、Francis da Costa（主音結他）、Ricky Gosano（主音結他）、Clifford Yim（風琴）、Vasco da Costa（低音結他）和主力創作的 Tony Tavares（鼓）。樂隊名字源自主音歌手 Michael 所鍾愛的爵士樂名曲〈Misty〉，取其讀音相若，遂起名 Mystics。

騷靈音樂風格

六十年代初的香港以國語時代曲為主流，所以這股六十年代中期興起的樂隊風潮可謂別出一格，甚至也可說是由零開始。正因為沒有固定框架，此前也沒有市場作參考，是以不同國籍、不同類型的音樂都能容得下。The Mystics 就主打騷靈音樂（Soul Music）[1]，是眾多冒起的樂隊中音樂風格最鮮明的一隊。六十年代在香港玩騷靈音樂的，多是菲律賓人組成的職業樂隊，Mystics 是唯一演唱騷靈音樂為主的本地年青樂隊。

The Mystics 獨特的風格得到鑽石唱片公司的青睞，可惜這時候 Francis da Costa 要離開樂隊。經 Teddy Robin 穿針引線，Aquanauts 的 Ricky Fung（馮添枝）加入為結他手，並在 1967 年左右出版了第一張單曲唱片《Send Her Back b/w What Makes You Run》，這是隊中鼓手 Tony Tavares 的作品。其後 Ricky Gosano 也離開了，自此由六人變成五人組合，但受歡迎程度有增無減。

Mystics 在 Diamond 推出過不少細碟，大碟則共有兩張，包括《The Best of The Mystics》和《Now》。

---

1. 騷靈音樂，是上世紀五十件代源自美國的一種結合了藍調和福音音樂的音樂流派。

珍貴的 Aquanauts 相片，
左一為馮添枝，另外主音
歌手為岑南羚。

六人時期的 The Mystics，
時馮添枝（右二）已加入為結他手。
（後排左起：Tony Tavares、Vasco da Costa、
Ricky Gosano、Ricky Fung、
Michael Remedios；前排：Francis da Costa）。

The Mystics 變成五人組後，名氣有增無減。

樂隊靈魂人物
Michael Remedios

樂隊主音 Michael Remedios 得天獨厚的磁性聲線最適合演唱 Soul Music。鑽石唱片公司為他們出版的唱片中，有不少都是翻唱外國歌手或樂隊的騷靈歌曲，例如 Shirley Ellis 的〈Soul Time〉、Little Anthony and The Imperials 的〈Gong Out of My Head〉、Percy Sledge 的〈When A Man Loves a Woman〉、Wilson Pickett 的〈Midnight Hour〉等等。Mystics 亦有自己創作的作品，除了〈Send Her Back〉之外，〈Song of the Wind〉、〈When I Was Young〉都屬於他們的創作。

雖然大部分歌曲都是 cover version，但 The Mystics 總會用自己的風格來演繹。例如其中一首翻唱自 Arthur Conley 的〈Sweet Soul Music〉，原曲穿插了 Lou Rawls 的〈Love's A Hurtin Thing〉、Sam and Dave 的〈Hold On I'm Coming〉、Wilson Pickett 的〈Mustang Sally〉、Otis Redding 的〈Fa-Fa-Fa-Fa-Fa (Sad Song)〉、James Brown 的〈Going To A Go-Go〉等騷靈歌曲[2]。The Mystics 的版本卻巧妙地進行本地化，利用了 The Lotus 的〈Just a Little〉、Zoundcrackers 的〈I Gotta Find Cupid〉、Anders Nelson & The Inspiration 的〈Out of Sight Out of Mind〉、Teddy Robin & The Playboys 的〈I Can't Grow Peaches On A Cherry Tress〉和自己的〈Send Her Back〉取而代之，並融入曲中成為一段 Medley，令本地樂迷聽來既有親切感，又能夠保留原曲神髓，改編之餘盡顯創意。

Michael Remedios 是樂隊的 front man，舞台上的演出魅力非凡。

---

2. 資料參考自博客 Stanley Lai「遠航者遊蹤」的博文。

The Mystics 在台上演出。

Michael Remedios 的忘我演出相片
成為《時代青年》的封面照。

Battle of the Sounds
勇奪季軍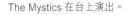

1968 年，鼓手 Tony Tavares 因要遠赴加拿大升學，退出 Mystics。曾任 Astro-Notes 鼓手的 Henrique Souza 接任為鼓手[3]，而最終鼓手位置落在 Derek Turner 身上。同年 Mystics 參加音樂比賽「利惠聲戰」（Battle of the Sounds）勇奪季軍，肯定了他們的技術和音樂才華。

---

3. 坊間多稱 Henrique Souza 為 Ricky Souza。據筆者考証，Henrique Souza 為其本名，Ricky 是其暱稱。樂隊專輯中《The Mystics Now》封套上的鼓手正是 Henrique Souza。

大概 1969 年，Michael Remedios 決定轉做個人歌手獨立發展。鑽石唱片公司替他出版過一張細碟《Stop and Think It Over b/w Three Little Words （I Love You）》。Mystics 主音的位置由 Don Choi（蔡業慧）取代。Don Choi 加入後，推出過單曲唱片《One Day》，也取得不錯的成績。

馮添枝成
推動粵語流行曲支柱

到七十年代，Mystics 解散，成員各散東西。先前轉做獨立歌手發展的 Michael Remedios，在七十年代為李小龍多部電影唱英文主題曲，令他在日本和其他國家贏得了知名度。1975 年，

Michael 於麗風唱片出版個人同名英文大碟。後來移居加拿大。至於 Ricky Fung 經 Teddy Robin & The Playboys 的 Norman Cheng 介紹，加入了寶麗多唱片公司。

從事幕後工作的 Ricky，此後炮製過不少出色的廣東大碟，其中包括許冠傑、溫拿樂隊、陳秋霞、張國榮、鄧麗君、關正傑、雷安娜、陳美玲、陳慧嫻、區瑞強，關菊英和張學友等歌星的作品。

作獨立歌手發展的 Michael。

另外，鄧麗君作為寶麗多國語歌曲市場的發展主力，其代表作專輯系列《島國的情歌》正是由 Ricky 監製。Ricky 也開始從事創作，並以筆名歷風（取其英文名 Ricky Fung 的讀音）作曲，著名的作品包括譚詠麟的〈天邊一隻雁〉、〈相識非偶然〉、〈愛在陽光空氣中〉；溫拿樂隊的〈陪着她〉、〈友情相關照〉；彭健新的〈二等良民〉；區瑞強的〈陌上歸人〉；盧冠廷、區瑞強、關正傑合唱的〈蚌的啟示〉等。

1985 年，Ricky 成為百代唱片公司的董事總經理，合作歌星包括盧冠廷、葉麗儀、陳百強、鄺美雲、劉德華和崔健等[4]；1993 年，Ricky 辦星威唱片，簽下了羅文這位巨星。1997 年底正式加盟國際唱片業協會（香港會）有限公司，任職總裁，致力推動音樂版權工業。2012 年，Ricky 獲香港特區政府頒發銅紫荊星章榮譽，表揚他致力推動本地音樂界發展之貢獻。◎

---

4. 陳百強及鄺美雲是香港百代與潘迪生於 1986 年合資的 DMI 唱片簽約歌手。

馮添枝（左一）日後成了推動香港流行樂壇的支柱之一。

The Mystics(I)

Michael Remedios、Francis da Costa、Ricky Gosano、Clifford Yim、
Vasco da Costa、Tony Tavares

↓

The Mystics(II)

Michael Remedios、Ricky Fung、Ricky Gosano、Clifford Yim、
Vasco da Costa、Tony Tavares

↓

樂隊
——
陣容
——
變化

The Mystics(III)

Michael Remedios、Ricky Fung、Clifford Yim、Vasco da Costa、
Tony Tavares

↓

The Mystics(IV)

Michael Remedios、Ricky Fung、Clifford Yim、Vasco da Costa、
Henrique Souza

↓

The Mystics(V)

Don Choi、Ricky Fung、Clifford Yim、Vasco da Costa、Derek Turner

Send Her Back b/w
What Makes You Run (D247)

Mystics 的成名
之作 Send Her
Back 就是收錄在
這張細碟之內。

Don't Leave Me (Baby Baby)
b/w I Want To Walk With You (D251)

I Want To Walk
With You 的
原唱者是 The
Wailers。

Sweet Soul Music b/w
Goin' Out of My Head (D260)

開始五人時期的
Mystics。

Song of The Wind b/w
Somebody New (D269)

Song of The
Wind 是他們自己
的原創作品。

One Day b/w
May My Heart Be Cast Into Stone (D289)

One Day 這首歌
由新的主音歌手
Don Choi 主唱,
在當年有不俗的
點播率。

Adios Amour b/w
When I Was Young (D292)

When I was
young 是 Ricky
Fung 和 Vasco
da Costa 一起創
作的作品。

SINGLE ## Michael Remedios

Stop And Think It Over b/w
Three Little Words (I Love You) (D282)

Michael Remedios
的個人細碟，封面
拍攝的地點在皇后
像廣場。

The Scene Dance On
b/w Ride On (Polydor 2076 007)

Michael Remedios
在 Polydor 的一張
罕有細碟。

EP ## The Mystics

Mystic Soul (DEP018)

Side A
1. When a Man Loves a Woman
2. Midnight Hour

Side B
1. Soul Time
2. Ain't Too Proud To Beg

封套左下角的獅子卡通是上一手唱片擁有者貼上的，那是六十年代相當流行的水印貼紙。

The Mystics

The Best of The Mystics
(LP1038)

Side A
1. Sweet Soul Music
2. Send Her Back
3. Soul Time
4. Don't Leave Me (Baby Baby)
5. Going Out Of My Head
6. I Can't Help Myself

Side B
1. When a Man Loves a Woman
2. Ain't Too Proud To Beg
3. Midnight Hour
4. What Makes You Run
5. I Want To Walk With You

1967 年 | The Mystics 第一張大碟是精選唱片，碟內歌曲首首精彩。

The Mystics Now
(LP1047)

Side A
1. Runaway
2. Mother-In-Law
3. 96 Tears
4. Try A Little Tenderness
5. Song Of The Win

Side B
1. Kiss Me Another
2. Chain Gang
3. Something New
4. Can't Take My Eyes Off You
5. Please Don't Take My World Away

1968 年 | The Mystics 第二張大碟，Norman Cheng 監製，唱片上的照片由喜愛攝影的 Ricky Fung 操刀；
留意照片上右二那位是新任鼓手 Henrique Souza。

LP **Michael Remedios**

Mike Remedios
(Life Records MPA 71001-A)

Side A
1. Hey You
2. She Bent Me Straight Again
3. My Little Friend
4. Jive Talking
5. I'm Stoned in Love With You
6. Never Can Say Goodbye

Side B
1. Swearing To God
2. Paradise
3. (Medley) We May Never Love Like this
   Again/Morning After
4. Laughter in The Rain
5. I Won't Last a Day Without You
6. Help Me Make it Through The Night

1975 年 | Micheal Remedios 個人大碟，封套上易名為 Mike。

The

menace

TRACK 7
The Menace

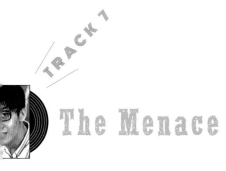

The Menace

The Menace 的主音歌手就是後來成為著名唱片騎師的陳任，樂隊共有四名成員，分別是 Joe Chen 陳任（主音／結他）、Dennis Yu（低音結他）、Derek Cheung（主音結他）和 Robert Chan（鼓）。除了鼓手，每位都是唱得之人。

The Menace 這樂隊名字是由低音結他手 Dennis 改的，取自一本叫《Dennis The Menace》的漫畫，六十年代好些雜誌把他們直譯作「威嚇樂隊」。

The Menace 在 1967 年參加過《星島晚報》主辦的全港公開業餘歌唱比賽，同年參加《星報》的 Talent Quest 音樂比賽，並得了第五名。當年大部分的冠軍都是些民歌組合，可見他們的成績已算不錯。比賽後不久，即被 EMI 邀請加盟，但其時 EMI 只重視國語時代曲的市場，旗下樂隊發展並不理想，所以他們也婉拒了對方的邀請。直到 1968 年，在主導香港樂隊潮流的鑽石唱片公司邀請下，他們正式加入樂壇，出版第一張細碟《You Don't Even Wink Your Eye b/w Graduation Day》。

吹波糖音樂風格

Diamond 為 The Menace 總共出版了三張細碟和一張大碟。他們最為人熟悉的作品是〈Strawberry Sundae〉，其曲調輕快，歌詞幽默，描述一位男生正打算低頭享用士多啤梨新地時，豈料給人一手拿起，弄至他滿臉雪糕；但當他睜開眼睛看到面前站着一位漂亮女生時，立即怒氣全消。這首歌的歌詞帶有故事性，在六十年代本地樂隊圈中算是新穎的嘗試。

The Menace 擅長唱和音，形象乖巧，曾經翻唱被視為吹波糖音樂（Bubblegum Music）[1] 代表作的〈Yummy Yummy Yummy〉（原唱者為 Arthur Resnick & Joey Levine）。此外，他們亦翻唱過美國 Bubblegum Music 組合 1910 Fruitgum Company 的兩首歌，分別是〈1,2,3 Red Light〉和〈Goody Goody Gumdrop〉。

其實他們的作品也不盡是吹波糖音樂，The Menace 唯一的一張大碟就令人意外地收錄了美國迷幻組合 The Doors 的〈Hello, I love You〉，另外也翻唱過搖滾組合 Zombie 的〈I Love You〉。這兩首歌的音樂類型跟吹波糖音樂可謂南轅北轍。

MENACE SIGN RECORD CONTRACT

THE MENACE are the latest Talent Quest success story. The came fifth in last year's Quest.
Diamond manager Lal Dayaram has been keeping an eye on them ever since and recently asked them to sign a recording contract.
The boys will start recording after a two-month grooming period.

The Menace 簽約鑽石唱片公司，報章也有報導。

---

1. Bubblegum Music 是六十年代中後期一種針對青少年市場、節奏輕快、歌詞淺顯、容易朗朗上口的流行音樂。

Menace 四位成員甚有鄰家男孩感覺。左起：Robert、Joe、Derek、Dennis。

六十年代夾 band 的年青人被視為「飛仔」，但事實不然，以 Menace 的四位成員為例：讀番書、喜愛西洋文化、擁有良好家庭背景——早期的鼓手 Tony Fan 便是立法局議員及骨科名醫方心讓的兒子，而 Dennis 的父親則是香港首位華人檢察官余叔韶。

在灌錄了兩張細碟之後，Dennis 要到外國升學，低音結他手的位置由 Ricky Tang 取代。The Menace 也有參加當年最哄動樂壇的利惠聲戰（Battle of the Sound），是進入總決賽的五支樂隊之一，結果由 Danny Diaz & The Checkmates 取得冠軍。Menace 亦有在市政局舉辦的新潮舞會中演出。

陳任成為當紅 DJ

陳任唱得又寫得，The Menace 時期已經開始替《中國學生周報》和《China Mail》寫文章。六十年代後期陳任加入了商台，主持節目《年青人時間》，一些隊員亦往外國升學，Menace 也就退出樂壇。陳任在七十年代簽了 EMI，出版過專輯《陳任歌集》和《2nd Impression》，並嘗試不同歌曲風格，在大碟《2nd Impression》中就大膽翻唱芳艷芬的粵語歌〈檳城艷〉，出來的效果雖然有點詼諧，但聽眾們一樣受落。這個時候陳任已經是電台炙手可熱的 DJ，1973 年，港台邀請陳任過檔，主持節目《陳任一小時》，成為當年收

樂隊主音陳任在舞台上的風姿。

陳任算得上是六十年代本地文青。

聽率最高的節目。其後的《青春交響曲》、《三個骨陳任》亦大受歡迎。後來他也曾先後加盟寶麗多唱片、出任新城電台台長及於香港電台擔任 DJ 等。

陳任在 Menace 時期唱過〈Strawberry Sundae〉 和〈Yummy Yummy Yummy〉，兩首歌都令人聯想起食物。無獨有偶，陳任是圈中有名識食之人，九十年代曾經開設酒吧、甜品店和私房菜館「名人食坊」，是否有提供士多啤梨新地不得而知，陳任倒曾自創菜色「阿 Joe 至尊鴨」，不過這些食肆在經營了數年時間便相繼結業。除此之外，陳任也出版過食經《陳任食譜風味健康美食》。

2008 年 11 月 1 日，陳任因肺癌撒手人寰，離世前陳任主持的音樂節目是港台的《Sunday 任我行》與《週末完全放任》。◎

SINGLE # The Menace

You Don't Even Wink Your Eyes
b/w Graduation Day (D266)

Graduation Day
這首歌很適合
書卷味十足的
The Menace。

Strawberry Sundae b/w
Birdie, Spider, Lion, Honey Bee and Me
(D273)

The Menace
大熱之作
Strawberry
Sundae 的細碟。

On The Isles
b/w We (D283)

WE 是一首幽默的作品，
歌詞帶點自嘲地介紹 The Menace 四位成員，
音樂風格卻意外的前衛迷幻。

LP The Menace

Here to Stay
(LP1046)

Side A
1. I Love You
2. 1-2-3 Red-Light
3. Baby Come Back
4. Strawberry Sundae
5. Hello, I Love You

Side B
1. Yummy, Yummy, Yummy
2. It's Nice To Be With You
3. You Don't Even Wink Your Eye
4. Medley: Woman Woman /
   Young Girl / Lady Willpower
5. Birdie Spider, Lion, Honey Bee and Me

1968 年 | 1968 年推出的大碟 Here to Stay，充滿書院味。Joe Chen 的聲音實在令人懷念。

LP **Joe Chen**

Say Hello to Yesterday
(LP1057)

Side A
1. You Don't Even Wink Your Eye
2. I Ain't Got Time Anymore
3. 1-2-3 Red-Light
4. The Seeker
5. On The Isle
6. Birdie Spider, Lion, Honey Bee and Me

Side B
1. I Love You
2. It's Nice To Be With You
3. Goodie Goodie Gumdrop
4. Strawberry Sundae
5. Graduation Day
6. We

1970 年 | Joe Chen 的 Say Hello to Yesterday 是鑽石唱片公司最後期出版的大碟，連公司 logo 也轉換了。這張唱片其實算是 Menace 的精選唱片，跟樂隊第一張大碟的歌也頗多重複。

Joe Chen 1st
(EMI Regal SREG-9609)

Side A
1. Sausalito
2. Where To Now St. Peter?
3. Time
4. What Else Can I Say?
5. James Taylor Medley: a) Fire and Rain b) You've Got A Friend
6. Will You Love Me Tomorrow

Side B
1. Sad Little Cowboy
2. Jackie
3. Oh My Love
4. Mister Cloud
5. Without You
6. Eleanor Rigby

1972 年 | 陳任歌集第一集，參與樂手有 Dennis Yu、Romeo Diaz、Rudy Diaz 和 Michael Samson。

Joe Chen 2nd Impression
(EMI Regal SREG-9612)

Side A
1. Mrs Seelo
2. Morningside
3. There Ain't No Way
4. 檳城艷
5. 靜靜的河邊

Side B
1. Bitterblue
2. Birdie Told Me
3. You Need Love
4. Amoreena
5. Top of The World
6. Something Strange

1973 年 | 據說陳任自己也覺得這張一本正經的封套照片有點搞笑。裏面收錄了他翻唱的檳城艷，這版本是另一經典。

樂隊

陣容

變化

The Menace(I)

Joe Chen、Denis Yu、Derek Cheung、Tony Fan

↓

The Menace(II)

Joe Chen、Denis Yu、Derek Cheung、Robert Chan

↓

The Menace(III)

Joe Chen、Ricky Tang、Derek Cheung、Robert Chan

The Menace 在六十年代樂
隊熱潮中也算獨當一面。

TRACKS

Danny Diaz & The Checkmates

Danny Diaz
& The Checkmates

六十年代的香港樂壇當中，除了一眾讀「番書」的業餘樂隊，亦有一些職業樂隊，Danny Diaz & The Checkmates 便是其中一隊，他們懂得玩奏很多樂器，以高水準的技術見稱。

Danny Diaz & The Checkmates 由三位菲律賓籍的兄弟及一位鼓手組成，三位兄弟分別為 Danny Diaz（主音）、Romeo Diaz（結他／琴鍵／長笛）及 Rudi Diaz（低音結他），他們都是香港土生土長的菲律賓人；鼓手則喚作 Ray Cortes。Diaz 兄弟來自音樂世家，家中還有一位兄弟及四位姊妹。他們自小已經學習彈奏樂器，早年以一首〈Summer Time〉在業餘音樂天才比賽（Amateur Talent Time）奪得殿軍。因一次在 Eartha Kitt Show 的演出受到大眾認識，然後簽約鑽石唱片公司。

1966 年推出的〈It's So Easy〉是他們最著名的作品，溫拿樂隊亦於 1981 年重唱為廣東歌〈鍾意就鍾意〉。Danny Diaz & The Checkmates 在 Diamond 灌錄過四張細碟，作品除〈It's So Easy〉，還有〈Your Kind of Love〉和〈Up Up and Away〉等，另外其他歌曲也曾出現在合輯《Go Go》中。Danny Diaz & The Checkmates 也替 DJ 歌手 Tony Orchez 的單曲〈The Look of Love〉和〈A Day in the Life of a Fool〉作伴奏。在他們灌錄的唱片當中，最特別是一張收錄了美國新寶薄荷煙（Newport Filter）廣告歌的，這唱片用綠色軟膠壓製，筆者估計這是當時一項贈品。

Danny Diaz & The Checkmates，成員包括：
左起：Romeo Diaz、Ray Cortes、Danny Diaz、Rudi Diaz。

到英國灌錄唱片

1967 年，鼓手 Doming Tantengo 加入，取代 Ray Cortes 的位置。1968 年，Danny Diaz & The Checkmates 參加 Levi's 主辦的利惠聲戰（Battle of the Sounds），以高超的技藝打敗當紅的 Teddy Robin & The Playboys 和 The Mystics 等，成為冠軍，亦令到他們有機會到英國和歐洲其他地方演出，並於 1969 年在 PYE Record 出版過一張細碟《Solomon Grundy b/w Goodbye Baby》。

Diaz 三兄弟另起爐灶

到七十年代，Danny Diaz 三兄弟簽約 EMI，取名為 Danny Diaz Trio。1971 年推出大碟《DDT Formula》，主打歌是 Danny Diaz 作曲的〈City of Dreams〉。

其後 Romeo Diaz（即戴樂民，也稱羅迪）轉做幕後，參與過不少電影的配樂，尤其擅長為武俠電影配樂。1988 年，他憑電影《倩女幽魂》奪得第七屆香港電影金像獎最佳音樂獎。1991 年，他和顧嘉煇合作為電影《秦俑》配樂，再次奪得金像獎最佳音樂獎。次年，和黃霑合作的《黃飛鴻》又一次成為金像獎最佳音樂獎的贏家。

戴樂民的子女均為音樂人，兒子戴乾亨（Adam Diaz）是作曲家，亦是香港獨立樂隊 Dear Jane 和 Hardpack 的結他手，女兒戴晶兒（Krystal Diaz）是歌唱導師，曾經為無綫電視節目《超級巨聲 3》的參賽者作歌唱指導。

Danny Diaz 也一直活躍於樂壇。1989 年他灌錄過細碟《Romeo b/w What Happened to Romance》。2003 年參與維港巨星匯的演出。2004 年，他曾夥同 Irene Ryder、Christine Samson 及 Michael Remedios 在香港紅磡體育館舉辦 Party Time 聖誕重聚音樂會。Danny Diaz 至今亦偶爾在美麗華酒店獻唱。◉

SINGLE **Danny Diaz & The Checkmates**

唱片清單

My Baby Don't Care b/w
Ring Ding Dong (D236)

My Baby Don't Care 是翻唱自美國 Garage Rock 組合 The Gants 於 1965 年的作品。

It's So Easy b/w
She's So Fine (D240)

It's So Easy 是 Danny Diaz & The Checkmates 最廣為人知的作品，八十年代 Wynners 唱過中文版：鍾意就鍾意。

Your Kind of Love b/w
You Are My Sunshine (D253)

Your Kind of Love 是 Danny Diaz 的原創歌，唱片的另一面是被無數歌星翻唱過的美國流行曲 You Are My Sunshine。

Up Up and Away b/w
No Sad Songs For Me (D270)

Up Up and Away 是另一首 Danny Diaz & The Checkmates 的大熱歌，原唱為美國組合 The 5th Dimension。

Newport

Newport 廣告唱片，樂隊十分珍貴的一張唱片，唱片物料特別用上綠膠，襯托廣告中的薄荷口味香煙。

Solomon Grundy b/w
Goodbye baby (PYE PV15312)

英國出版的細碟 Solomon Grundy，可惜樂隊在當地發展未如理想。

Solomon Grundy

pye records

進軍美國時的
白版碟（宣傳
碟）Solomon
Grundy。

The Danny Diaz Trio

Hows Your Side of The World
b/w City of Dreams (EMI CHK-1502)

How's Your Side
of The World 並
沒有收錄在大碟
中，另一面的
City of Dreams
反而成為大碟打
頭陣的歌曲。

LP Danny Diaz Trio

The DDT Formula
(EMI Regal SREG-9602)

Side A
1. City of Dreams
2. Baby I Won't Let You Down
3. Both Sides Now
4. And We Were Lovers
5. Raindrops Keep
   Falling On My Head
6. Sweeter Than Sugar

Side B
1. Travelling One Way
2. Julie Do You Love Me?
3. Everybody's Talking
4. Don't Try To Go Too Far Too Fast
5. My Love
6. A Little Bit of Lovin'

1971 年 | Danny Diaz Trio 唯一的大碟，1971 年出版。

樂隊
陣容
變化

Danny Diaz & The Checkmates(I)
Danny Diaz、Romeo Diaz、Rudi Diaz、Ray Cortes
↓
Danny Diaz & The Checkmates(II)
Danny Diaz、Romeo Diaz、Rudi Diaz、Doming Tantengo
↓
Danny Diaz Trio
Danny Diaz、Romeo Diaz、Rudi Diaz

Chapter.2
閃亮風采

承接着這股樂隊浪潮，本地唱片公司銳意發掘不同樂隊 —— 或透過音樂比賽、或透過現場表演。六十年代中的這幾年間，Diamond 和 EMI 兩大唱片公司陣營，總共替多達二三十隊組合和英文歌手推出過唱片。儘管當中好些樂隊維持時間不長，但仍留下了一些令人難以忘懷的精彩作品。好些樂隊成員更在往後的本地樂壇大放異彩。

TRACK 9
Astro-Notes

Astro-Notes

六十年代正值美蘇太空競賽，人類對於太空探索抱着一份憧憬。太空時代（Space Age）對六十年代的科技、文化、生活、藝術方面都有一定程度的影響，就連樂壇教父 Uncle Ray 的樂隊亦以 Satellites（人造衛星）命名。

大概 1961 年，幾個年輕的小伙子組成了一支稱為 Astro-Nauts（太空人）的樂隊，後改名為 Astro-Notes（太空之音），Notes 就是 Musical Notes 的意思。1963 年他們參加可口可樂主辦的業餘音樂天才比賽（Amateur Talent Time），憑着 Del Shannon 的〈Runaway〉得了第五名，當年的冠軍

是只有六歲的杜麗莎。Astro-Notes 的成員包括 Philip Chan 陳欣健（主音 / 低音結他）、Eddy Suen（主音結他）、Sam Poon（結他）、Joseph Wong（低音結他）及 Henrique Souza（即 Ricky Souza）（鼓），樂隊成員主要是來自華仁及喇沙中學的學生。

早期模仿
Buddy Hollies

Astro-Notes 的音樂類型以 Pop Music 為主，早期模仿 Buddy Hollies，原因是陳欣健的聲底和他接近。此外亦有演唱 The Beatles、The Rolling Stones 和 Bob Dylan 等的作品。

參加比賽後的 Astro-Notes 逐漸增多了表演機會，他們分別在尖沙嘴的碧瑤（Bay Side）夜總會、夏蕙夜總會的茶舞時段以及一些大學舉辦的 party 中演出，更被鑽石唱片公司發掘而出版唱片。

Astro-Notes 出版過的唱片就只有這一張細碟，碟中兩首歌〈My Baby Treat Me Cruel〉和〈Leaving It Up To You〉均是出自陳欣健的手筆。其後在 Diamond 的合輯《Go Go》中，輯錄了〈My Baby Treat Me Cruel〉和樂隊另外三首新作〈Barbra Ann〉、〈Monday Monday〉和〈Shakin' All Over〉。當中翻唱自 Johnny Kidd & The Pirates 的冠軍歌〈Shakin' All Over〉的曲調最為樂迷所熟悉，全因相隔兩年之後，蕭芳芳和呂奇唱了它的粵語改編版〈夜總會之歌〉，歌中一句「郁親手就聽打」成為經典，不過這是後話了。

Astro-Notes，成員包括（左起）：Henrique Souza、Sam Poon、Eddie Suen、Philip Chan 及 Joseph Wong。

陳欣健（右二）在 Astro-Notes 擔任主音歌手。

陳欣健的個人發展

Astro-Notes 屬於比較早期的本土樂隊，那時的樂隊熱潮仍未成氣候，Astro-Notes 並沒有名成利就，樂隊大概維持了五年，於 1966 年解散。部分成員到了外國升學，Henrique Souza 加入了 Anders Nelson Group 擔任鼓手，而陳欣健則投身警隊任職幫辦。

1974 年發生著名的旺角寶生銀行挾持人質事件，陳欣健為現場指揮官，過程由無綫電視記者現場直擊報導，令不少市民對陳欣健留下深刻印象。任職警隊期間，陳欣健被無綫 EYT 邀請客串

兩輯《絃韻寄心聲》。警隊知悉後，找他和森森替香港交通安全會合唱宣傳歌〈A Wise Warning（金石良言）〉，並由七喜飲品贊助推出細碟。

之後陳欣健離開警隊，進入電影圈。第一部參與編劇製作的是 1976 年的電影《跳灰》，被喻為新浪潮電影的先驅。1978 年以客串性質唱過電影《茄哩啡》的同名插曲。其後陳欣健歌影視三棲發展，當過演員、編劇、導演、監製、配樂、製片、電視節目主持、電台主持等等，雖然最終並沒有當上歌手，後來卻當上了華星唱片和新城電台的管理層。◎

唱片清單

SINGLE **Astro notes**

My Baby Treated Me Cruel
b/w Leaving It Up To You (D235)

The Astro-Notes 唯一一張細碟，
是他們自己創作的作品。據知 Leaving
It Up To You 是陳欣健寫於跟初戀女
友分手之時。

SINGLE **Philip Chan**

A Wise Warning（金石良言）

跟森森合唱的交通
安全歌：金石良言。
這張唱片當時是贈
品。

樂隊
陣容
變化

Astro-Nauts
↓
Astro-Notes

Philip Chan、Sam Poon、Joseph Wong、Eddy Suen、
Henrique Souza (Ricky Souza)

thunder
birds

TRACK 10
Thunderbirds

Thunderbirds

有人說六十年代香港的樂壇人才輩出、臥虎藏龍。原來當大家追尋香港流行音樂歷史的時候，會發現一些八九十年代樂壇的中堅份子，其實都是早在六十年代夾 band 出身的。

被喻為超級組合

六十年代本地樂隊 Thunderbirds（雷鳥）的成員包括有 Robert Lee（主音）、Joseph Lee （低音結他）、Bennett Chiu （鼓） 及 Richard Lam （主音 / 結他）。驟眼看這些名字比較陌生，但九十年代的音樂雜誌《top》卻形容這陣容為超級組合[1]，何解？讓我們看過究竟。

Robert Lee 的中文名叫李振輝，很熟悉是不是？ 沒錯，他就是國際武打巨星李小龍的胞弟，亦是七十年代影視紅星森森的前夫。低音結他手 Joseph Lee 的中文名是李冠球，後來成為了著名的珠寶設計師，在八十年代創立珠寶公司 J's。鼓手 Bennett Chiu 是香港資深廣告人。至於 Richard Lam，就是作家林燕妮的弟弟、香港已故著名填詞人林振強。

Thunderbirds 曾經參加《星報》主辦的 Talent Quest 比賽，取得第三名。[2] 大約 1967 年 Thunderbirds 簽了 EMI 唱片公司，和另一隊組合 The Nautics 一同推出了一張合輯 EP。這張 EP 收錄了他們的參賽歌曲〈Papa-ou Mau Mau〉以及另一首〈Juanita Banana〉。

1967 年，Thunderbirds 推出單曲唱片《Polly Sunday b/w I Do I Do》。從

---

1. 《top》，1992 年三月號。

2. 該屆 Talent Quest 比賽冠軍為關正傑的 The Swinging Minstrels 中，參見林振強著：《又喊又笑》，頁 57。

唱片封套所見，樂隊由四人變成五人陣容。後來 Joseph Lee 和 Bennett Chiu 先後離隊，有 George Mok、Raymond Chow 和 Eddie Lee 加入。可惜過了不久，Thunderbirds 宣佈拆夥，Robert Lee 加入了 George Mok 三兄弟的組合 Montanas。Montanas 成員包括 Robert Lee（主音）、William Mok（主音結他）、Bobby Mok（和音結他）、George Mok（鼓）和 Peter Koo（和音結他）。Montanas 並沒有推出過任何唱片，Robert 跟 Montanas 的關係亦沒有維持太久。

Robert Lee 個人發展

1968 年，Robert Lee 和 Irene Ryder 合作推出了經典的單曲唱片《Baby Baby b/w You Put Me Down》，這對年輕的型男美女合唱兩首悅耳浪漫的情歌，大受歡迎。之後 Robert 也在 EMI 灌錄了兩張個人細碟《Chile flower b/w Come Back Baby》（1968 年）和《Walk Through The Snow b/w I'm Only Sleeping》（1969 年）。

珍貴的 Montanas 相片

1973 年 7 月 23 日，武打巨星李小龍突然離世。事隔兩年之後，Robert Lee 為紀念其兄，灌錄了大碟《Robert Lee Sings The Ballad of Bruce Lee》。

Robert Lee 在七十年代曾經演出過電影《鬼馬姑爺仔》和電視劇《殺手神槍蝴蝶夢》，也和森森、斑斑、賈思樂一起主持過無綫的《四樂士》音樂特輯節目。

轉為個人歌手發展的 Robert Lee 在六十年代登上雜誌封面。

林振強 成知名填詞人

Thunderbirds 另一名成員林振強，於七十年代加入廣告界。由 1981 年第一首填詞作品〈眉頭不再猛皺〉開始，帶給了香港樂壇不計其數的精彩廣東歌作品，林振強填詞的作品中，就有超過二十首獲得十大中文金曲或是十大勁歌金曲。

1986 年，林振強填了一首由林子祥主唱的歌曲，名叫〈開路先鋒〉，收錄在大碟《最愛》中。〈開路先鋒〉並非阿 Lam 的大熱作品，不少樂迷對這首歌的印象都比較陌生。這是一首題材特別、鮮有地向六十年代本地樂隊人馬致敬的歌曲。歌詞串連了 Teddy Robin、Anders Nelsson、Joe Jr、D'Topnotes、陳欣健、The Mystics、The Lotus 等等六十年代香港樂隊潮流的中堅份子；說他們是「開路先鋒」，一點也不為過，可是還欠林氏自己的 Thunderbirds 並沒有加到歌詞當中呢！

天妒英才，林振強於 2003 年 11 月 16 日凌晨因淋巴癌在瑪麗醫院病逝，終年 56 歲。林振強最後的詞作是給林志美的〈孤單先生孤單小姐〉。◎

The Thunderbirds / The Nautics
(ECHK-513)

The Thunderbirds
1. Papa-ou-Mau-Mau
2. Juanita Banana

The Nautics
1. Route 66
2. That's When Happiness Began

在音樂比賽獲獎後得以和另一隊組合 The Nautics 一同出唱片。

Polly Sunday b/w
I Do, I Do (CHK-1023)

珍貴的 Thunderbirds 細碟,於 1967 年推出,樂隊已變成五人陣容。
I Do, I Do 是英國組合 The Nocturnes 的歌曲,女主音 Eve Graham 後來加入 The New Seekers,唱了舉世知名的可樂廣告歌 I'd Like to Teach The World To Sing (In Perfect Harmony)

Baby Bay b/w You Put Me Down
(CHK-1023)

這張細碟可謂六十年代 pop scene 最經典的合唱歌唱片。

Chileflower b/w Come Back Baby
(CHK-1036)

Robert Lee 第一張個人細碟,1968 年推出。
Chileflower 是他開始嘗試自己創作的作品。

Walk Through The Snow b/w
I'm Only Sleeping (CHK-1043)

I'm Only Sleeping 是 The Beatles 作品,感覺有少許迷幻。1969 年推出。

The Happy Song b/w Butterfly
(Philips6002014)

Robert Lee 於 1976 年推出的細碟,甚少細碟會在封面上印上歌詞。

LP **Robert Lee**

Robert Lee Sings The Ballard of Bruce Lee
(Epic 25AP 63)

Side A	Side B
1. JKD (Jeet Kune Do)	1. Let's Go For A Walk
2. Parating	2. This Boy
3. Ballad of Bruce Lee	3. Sittin Around
4. Sometimes	4. We've Got A Lot of World To See
5. Pointing finger	5. This Is The Good Time

1975 年 │ Robert Lee 紀念哥哥李小龍逝世的專輯。

The Boat Song
(Philips 6380 009)

Side A	Side B
1. The Boat Song	1. 殺手‧神鎗
2. Every Time I Sing A Love Song	2. 愛在人間
3. The Happy Song	3. 恨海情天
4. 為何要悲傷	4. Norma Jean Wants To Be A Movie Star
5. 忘記昨天	5. I Wanna Be Free
6. 初會	6. Butterfly

1977 年 │ Robert Lee 的個人專輯，收錄他的廣東和英語歌。

Thunderbirds(I)
Robert Lee、Joseph Lee、Bennett Chiu、Richard Lam

↓

Thunderbirds(II)
Robert Lee、George Mok、Raymond Chow、
Eddie Lee、Richard Lam

↓

Montanas
Robert Lee、George Mok、William Mok、Bobby Mok、Peter Koo

樂隊
—
陣容
—
變化

TRACK 11
Mod East,
Magic Carpet

Mod East, Magic Carpet

Mod East 成軍之時，主音 Chris Sayers（圖右下）只有 17 歲。

最有前途樂隊

Mod East 是一支維持了很短時間的樂隊。他們組成於 1967 年，在同年《星報》舉行的 Talent Quest 音樂比賽中憑藉一首〈Little Bit O'Soul〉取得季軍。

1968 年 Mod East 被《Hong Kong Music Maker》雜誌選為最有前途樂隊。其主音歌手 Chris 的全名是 Christopher Hubert Sayers，其他成員包括 James Chan（結他）、Walta Mark（鼓）、Andew Law（低音結他）和 David Tse（主音結他 / 風琴 / 鋼琴 / 小提琴）。

Mod East 在鑽石唱片公司推出過兩張單曲唱片。他們出道的時候正值香港樂隊熱潮的高峰期，當時鑽石唱片公司簽了相當多的本地組合，對本土樂隊充滿信心，Mod East 作為新組合，唱片公司也樂於讓他們自行創作作品，他們所出版的兩張細碟共四首歌，全屬他們自己創作。Mod East 的歌曲旋律輕快，歌詞簡單，容易上口，頗有六十年代早期英倫樂隊的風格。Mod East 的〈Except You〉和〈A Strange to Love〉都是很出色的作品，儘管樂隊只是維持了不足兩年的時間，但在歌迷心目中已留下深刻印象。

Magic Carpet，成員包括（左起）：David Tse、John Lee、
Wilson Mak、Tong Tsang 及 James Chan。

Mod East 參加 Talent Quest 的造型照。

改組成
Magic Carpet

Mod East 因主音歌手 Chris Sayers
離隊而解散，之後改組成為 Magic
Carpet。成員除舊有的 David Tse、
Wilson Mak（即 Walta Mak）
和 James Chan，再加上新隊員 Tony
Tsang 和 John Lee。Magic Carpet 同
樣只是出版過兩張細碟，包括翻唱組
合 April Fools 的〈Things Go Better
With You〉和 Arnie Corrado 的〈Little
Sunshine〉。除了細碟，The Magic
Carpet 亦灌錄過幾首歌，分別是收
錄在鑽石唱片公司合輯《Top Hits》
（LP-1049）中的〈Indian Give〉和
〈My Little Lady〉，以及另一張合輯

《Top Hits》（SLP-1054）中的〈Special
Delivery〉。

1969 年，已 離 隊 的 Chris Sayers
隨家人移民澳洲，他先後加入組合
The Sweet Apple 和 Barbara & the
Dynamites。由於其音樂風格和樂隊
成員所走的搖滾路線有異，Chris 和樂
隊中的歌手 Barbara Fong 另組一隊二
人組合 Yin Yan Duo。1974 年，Chris
和 Barbara 結為夫婦，在不同的夜總
會、賭場、酒店和遊輪演出。他們擅
長演唱 Carpenters、Sam Cook、Bee
Gees、Barbra Streisand 的流行曲以
及一些中文情歌。1977 年，Yin Yan
Duo 在澳洲推出大碟《Easy in Your
Company》。◎

唱片清單

SINGLE Mod East

Except You b/w No One Can Love You (D261)

Mod East 的第一張細碟，歌曲是主音 Chris Sayers 的作品，唱片由 Norman Cheng(鄭東漢) 監製。

Stranger To Love b/w Angelita (D267)

第二張細碟的兩首歌分別由兩位隊員操刀。Stranger To Love 由 David Tse 所作，Angelita 則是 James Chan 的作品

SINGLE The Magic Carpet

Things Go Better with You b/w A Strange Song (D279)

兩首單曲都屬於調子輕快的作品，Magic Carpet 的音樂令人感覺充滿朝氣和活力。

Little Sunshine b/w This Magic Moment (D286)

這是 Magic Carpet 第二張細碟，可惜亦是最後一張。封套背面印上樂隊成員名單。

Yin Yan Duo

Easy In Your Company
(MLX-200 - M7 Records Pty, Ltd)

Side A
1. Bird of Paradise
2. I Can't Smile Without You
3. I Feel Fine
4. Put A Little Love Away
5. Chinese Love Song
6. Morning Side of The Mountain
7. Paloma Blanca

Side B
1. Easy In Your Company
2. As Sure As I'm Standing Here
3. What I Did For Love
4. Ding Dong Song
5. The Way We Were
6. Sukiyaki
7. All I Ever Need Is You

1977 年 ｜ 平易近人的七十年代流行曲風格，感覺就像陽光普照的下午喝一杯咖啡聽着舊唱片的光景。
Yin Yan Duo 在澳洲曾經七次被提名為最佳合唱組合 (Best Vocal Duo)。

樂隊
───
陣容
───
變化

Mod East
Chris Sayers、James Chan、Walta Mark、
Andew Law、David Tse
↓

Magic Carpet
James Chan、
Wilson Mak（即 Walta Mark）、
David Tse、
Tony Tsang、John Lee

The Sweet Apple
↓
Barbara & the Dynamites
↓
Yin Yan Duo
Chris Sayers、Barbara Fong

The

Black

Jacks

TRACK 12
The Black Jacks

The Black Jacks

六十年代的香港仍是保守社會，不少夾band的年青人往往被長輩標籤為「飛仔飛女」。從今天的角度看，當時香港的樂隊無論在形象上或音樂上，其實都相當斯文和乖巧。那麼，當西方國家興起 Hippies（嬉皮士）、Flower Power、重型搖滾、迷幻音樂等音樂文化時，香港有沒有一隊同樣走這般「前衛」路線的組合呢？答案是有的，他們就叫 The Black Jacks。

Black Jacks 於 1967 年初組成，成員包括後來獲譽為「香港最佳結他手」之一的 Peter Ng（主音結他）、他的哥哥 Stephen Ng（鼓）、Charan Huns（主音）、Jacinto Achiam（低音結他）和 Tony Yip（結他）。樂隊的經理人為 George Elvis Lai。隊中的主音歌手 Charan 於澳門出世，是印度人；Jacinto 是葡籍人，同時也是 band leader。

Black Jacks 的第一次公開演出在 Gaslight Night Club，之後穿梭於不同的 party 和 pop show。1968 年，Black Jacks 在 EMI 旗下灌錄了第一張細碟，其中原創歌曲〈Lesson To The Saints〉的歌詞充滿對現實社會和世界的控訴，這首歌在今天聽來仍覺得前衛和大膽：

"This is a rotten world. And Join the wicked people with their search of gold and pearl. Then you might live longer when they know you're one of them"

— 節錄自〈Lesson To The Saints〉

The Black Jacks。右二是 Peter Ng，中間為主音 Charan Huns。

同年 Black Jacks 推出第二張細碟《Today Tomorrow b/w Mushrrom Cloud》，唱片背面的〈The Mushroom Cloud〉可能是香港樂壇最早的原創反戰歌，歌曲用上了大量 Wah Wah 結他聲效，歌詞描寫一架戰機劃破長空，投下一枚炸彈，形成了歌名所稱的菇狀雲（Mushroom Cloud），結尾更用密集的結他聲模仿大爆炸效果。〈The Mushroom Cloud〉的意識形態和深度完全超越了當時香港流行樂壇的步伐，若說 The Black Jacks 是香港前衛音樂的開山鼻祖，應該也沒有人會反對。

"Why must people be forced to die?
Why should they be
Unmercifully slaughtered
Under the screen of some conqueror's eyes?
The horror of extinction of mankind by...
The Mushroom Cloud"

— 節錄自〈The Mushroom Cloud〉

延續 Hard Rock 風格的 Ramband 和 Chyna

到七十年代，Peter Ng 夥拍有「亞洲鼓王」之稱的 Donald Ashely（即唐龍）、Jo. Ignacio（低音結他）、Gerry Rodrigues（琴鍵）及 Jun Secuya（主音）組成 Ramband，他們以精湛技術，演奏 Hard Rock 風格的歌曲，震撼了當時的本地搖滾音樂圈。據說 Ramband 當年在香港大會堂演出時，曾經因為觀眾的反應過份熱烈，令到負責人不願再租出大會堂場地予 Ramband 演出，更把他們列入黑名單。

1980 年，Ramband 在 Wea 旗下出版了一張同名大碟，Ramband 的唱片叫好不叫座，卻令人意想不到地打入了英國獨立大碟榜。可惜這類音樂未能被香港市場所接受，過了不久，樂隊因隊員意見分歧而解散。

1983 年，Donald Ashley 和結他手蘇德華、低音結他手單立文、琴鍵手黃良昇幾位重量級音樂人組成樂隊 Chyna。同年推出大碟《There's Rock & Roll in Chyna》，其中一首〈Within You'll Remain〉將西方搖滾樂加入中樂古箏的演奏，令樂迷耳目一新，更成為 Chyna 的首本名曲，先後多次被其他歌手翻唱和改編。Chyna 維持了兩年的時間便解散，Donald 於 1985 年找來老拍檔 Peter Ng 合作組成第二代 Chyna，推出過《Back 2gether》 和《灰色都市》兩張 EP 唱片。到九十年代，Chyna 曾經在台灣重組推出唱片，並在當地舉行多場演唱會。

2014 年 10 月，Donald Ashley 不敵癌魔離開了廣大的樂迷。同年十一月，Peter Ng 和幾位舊友舉辦了一場 Ramband 演唱會，紀念這位香港一代鼓王。◎

Peter Ng 結他技術精湛，
獲譽為香港最佳結他手之一。

The Black Jacks

**Lesson To The Saints b/w
Come On Home (CHK-1031)**

The Black Jacks 的第一張細碟，
歌曲前衛大膽。1968 年推出。

Today Tomorrow b/w The Mushroom Cloud (CHK-1038)

The Mushroom Cloud 可能是
香港樂壇第一首原創的反戰歌。

樂隊
陣容
變化

The Black Jacks

Peter Ng、Stephen Ng、Charan Huns、
Jacinto Achiam、Tony Yip

↓

Ramband

↓

Chyna

TRACK13

Roman & The Four Steps

Roman & The Four Steps

Roman & The Four Steps 曾參
與不同電視節目的演出。當中可
見羅文（右）已甚具台型。

羅文曾經演唱無數經典的廣東歌，其中
一首〈獅子山下〉更被認為是最能代表
香港精神的不朽之作。經常勇於創新的
羅文，原來早於六十年代已經和幾位友
人組成樂隊 Roman & The Four Steps
（羅文四步合唱團），大唱歐西流行曲。

大概 1967 年組成的 Roman & The
Four Steps，經歷過多次變陣，早期
的成員包括 Roman Tam（主音）、
George Fung（結他）、Ronald Tsang
（低音結他）、Anthony Lee（琴鍵）
和 Thomas Lee（鼓）。Roman & The
Four Steps 在 EMI 推出過一張細碟
《Reflection of Charlie Brown b/w I
Just Can't Wait》。其後 Anthony Lee

和 Thomas Lee 相繼離開，琴鍵和鼓
手的位置分別由 Danny So 和 Vinton
Fung（阿東）補上。

1968 年，Ronald Tsang 亦因個人理由
離隊，Willy Han 取代其低音結他手的
位置，樂隊風格亦因 Willy 的加入變得
日漸前衛。1969 年，他們在 EMI 推出
第二張細碟《Day Dream b/w Cathay
Come Home》。

Roman & The Four Steps 曾長駐總統
酒店的 Firecracker 演出，後來他們簽
約 Purple Onion 為駐場樂隊，一直到
1971 年樂隊解散為止。

Roman & The Four Steps。後排左起：Anthony Lee、Ronald Tsang、George Fung、Roman Tam。前排：Thomas Lee。

樂隊解散之後，羅文作獨立發展，曾經唱過由 Teddy Robin 主演的電影〈愛情的代價〉電影歌曲，初露鋒芒。又和「肥肥」沈殿霞以情侶合唱團的恣態推出過大碟和登台演出。1976 年，無綫電視轉播日本劇集《前程錦繡》，由盧國沾先生把主題曲填上粵語歌詞，並找來羅文主唱，結果一炮而紅。其後 Roman 在七八十年代唱過不少家喻戶曉的電視劇集和節目主題曲，當中包括《小李飛刀》、《親情》、《荊途》、《家變》、《十三太保》、《射鵰英雄傳》等等，陪伴不少香港人成長。羅文獲獎無數，更有幾項是樂壇最高榮譽的獎項，包括 1985 年的十大勁歌金曲榮譽大獎、1991 年的香港電台金針獎、1996 年的輝煌成就大獎、2001 年的金曲銀禧榮譽大獎等等。 2002 年 10 月 18 日，羅文不敵癌魔離世，遺下一首首的經典金曲縈繞在樂迷心中。◎

SINGLE **Roman & The Four Steps**

Day Dream b/w Cathay Come Home
(CHK-1047)

Roman & The Four Steps 所灌錄的唱片不多，這是他們的第二張細碟。單曲 Day Dream 的原唱者為比利時樂隊 Wallace Collection。

Chapter.3
女 流 之 輩

六十年代的樂隊熱潮中，並非是
一面倒的剛陽氣息，以女成員為骨
幹的組合也擁有大批樂迷，當中如 D'
Topnotes、Blue Star Sisters、The
Reynettes 等成員，多來自同一家族，儘管
大多是菲律賓籍，但都是香港土生土長，成為
pop scene 中不容忽視的力量。另外，「玉女
歌手」Irene Ryder 的冒起，也有如為樂壇注
入一股清流。

irene

Ryder

TRACK 14

Irene Ryder

Irene Ryder

Irene Ryder 登上六十年代《歌迷俱樂部 Pop》音樂雜誌的封面。

六十年代，稱紅的女歌手都是唱國語時代曲為主；紅極一時的陳寶珠和蕭芳芳也有灌錄粵語流行曲唱片，但她們主攻的始終是電影市場，唱片中有不少都是電影歌曲；她們的粉絲，要說是歌迷倒不如說是影迷更貼切。在這背景下，在 pop scene 中突圍而出的 Irene Ryder（黎愛蓮），稱得上是香港流行樂壇第一代的「玉女歌手」。

當時 pop scene 的世界以男性為主導，偶爾出現的女歌手或樂隊成員都以菲律賓人居多。Irene Ryder 是當中佔極少數的其中一位「半唐番」女歌手。Irene 是英中混血兒——父親是英國人，母親是廣東台山人。她身材高挑，清秀脫俗，是公認的美女。

贏得「阿哥哥小姐」美譽

1966 年，就讀中四的 Irene Ryder 參加了 A Go Go 跳舞比賽，結果她得了第二名，贏得「阿哥哥小姐」的美譽。得獎後，她應邀到新加坡和馬來西亞表演，並在當地推動舞蹈熱潮，每日舉行七至八場表演之多。其實在同一年較早時間，Irene 已客串了由嘉玲和張英才主演的電影《飛賊含笑火》，大跳 A Go Go。

之後，Irene Ryder 沒有繼續學業，轉為任職泛亞航空的地勤小姐。1967 年，Irene 正式展開其歌唱生涯，在 EMI 推出第一張細碟《Runnin'》。該唱片由音樂大師葛士培操刀。能跳能唱的 Irene Ryder 深受歌迷追捧，短時間內成為六十年代極受歡迎的本地英文女歌手，並經常獲邀出席大大小小的音樂節目、晚會和舞會。

跟 Robert Lee 合唱歌曲大受歡迎

同年，唱片公司安排 Irene Ryder 和剛從樂隊 Thunderbirds 轉為個人歌手發展的 Robert Lee（即李小龍胞弟）灌錄了合唱歌〈Baby Baby〉，簡單美妙的旋律譜上浪漫的歌詞，配合郎才女貌的形象，完全切合年青人的口味，成為本地合唱歌的經典之作，亦把 Irene Ryder 的事業推上高峰。可惜，當時

星馬推出的跳舞音樂碟，用了 Irene Ryder 做封面。

另一張「盜用」了 Irene Ryder 肖像的 Cha Cha 唱片。

EMI 穩守國語時代曲市場，並沒有抓緊機會及時為 Irene Ryder 推出大碟。其後，Irene Ryder 亦只是推出過《Cry Me a River b/w What》和《1,2,3 and I Fell b/w Until It's Time For You To Go》兩張英文細碟。反而到樂隊潮流式微、台灣時代曲和廣東歌開始冒起的七十年代，EMI 才為 Irene Ryder 推出大碟。

由 1971 至 1975 年之間，Irene Ryder 分別有三張大碟和一張精選碟面世，包括 1971 年的同名大碟《Irene Ryder》、1973 年的《愛蓮》、1974 年的《Solitaire》和 1975 年的《The Best of Irene Ryder》。

1970 年，Irene Ryder 獲選代表香港前往日本參加萬國博覽會。1972 年，Irene Ryder 在麗的電視主持音樂節目《黎愛蓮之歌》，每星期播放一次。Irene 同時也進軍影壇，演出電影包括 1972 及 1973 年由吳思遠執導的《餓虎狂龍》與《猛虎下山》，以及 1974 年邵氏出品的《面具》。

多番經歷波折

Irene Ryder 的感情路上遇過不少波折。很多人都知道其前夫是七十年代著名功

Irene Ryder 親筆簽名相。

高貴打扮的 Irene Ryder。

夫明星梁小龍（原名梁財生），其實在和梁小龍一起之前，Irene Ryder 曾經跟一名鼓手 Steve Tebbutt[1] 拍拖，並到了談婚論嫁的地步，可惜對方家人強烈反對，Irene 的父親氣得取消婚禮，Irene 亦因這件事而割脈自殺。其後，對方不幸因吸食過量藥物致死。之後，Irene 遇上了梁小龍，可惜因為生活圈子和性格不合，這段婚姻最後也只維持了數年。

1979 年 1 月 6 日，更不幸的事情發生。Irene Ryder 在尖沙嘴住所附近遭兇徒用鏹水襲擊，面容盡毀，事件轟動整個香港娛樂圈。Irene Ryder 為此曾經想過自殺，長期抑鬱。

Irene Ryder 在幾年前一篇訪問中說，她總共花了四百多萬元和一年多的時間，做了廿次殖皮和磨皮手術才能重整臉容：「我同神明講，我認命，呢個禍，已經由我一個人擋咗。我希望因為我擋咗呢個禍而令我一家人，令我朋友生活得健康愉快。」

到九十年代，Irene Ryder 再戰歌壇，和好友 Joe Junior 一起開演唱會，出版 CD，也唱過廣告歌，更擔任音樂農莊的歌唱老師。直到現在，Irene Ryder 仍不時出席各種懷舊金曲演唱會。◉

----

1. Steve Tebbutt 曾跟 Anders Nelsson 組成樂隊 TimeWarp。

唱片清單

Runnin'
(EMI ECHK-519)

Side A
My Babe
To Sir With Love
Side B
Runnin'
In All The World

Irene Ryder 的第一張細碟，封套稱她作阿哥哥
小姐。1967 年推出。

1.2.3. and I Fell b/w
Until It's Time For You To Go
(EMI CHK-1039)

1968 年的細碟
1.2.3. and I Fell。

Solitaire b/w
Help Me Jesus
(EMI CHK-1511)

Solitaire 的原唱者是
Neil Sedeka，The
Carpenters 在 1975
年也翻唱過此曲。

Cry Me A River
b/w What (CHK-1029)

Irene Ryder
第二張個人唱片。

Jack In The Box b/w
(Where Do I Begin) Love Story
(EMI CHK1501)

細碟 Jack In The
Box b/w (Where
Do I Begin) Love
Story。在 1971
年推出。

Baby Baby b/w You Put Me Down
(CHK1028) (1968)

一 曲 Baby Baby
令 Irene Ryder
和 Robert Lee
紅 了 起 來。1968
年推出。

Irene Ryder
(EMI SREG-9603)

Side A	Side B
1. Nobody Child	1. Hauting Me
2. Mister Boo Bam Man	2. (Where do I begin) Love Story
3. For You	3. Dancing in The Sun
4. Maple Village	4. The Way It Used to Be
5. I Don't Know How to Love Him	5. Midnight
6. But at Night	6. Jack In The Box

1971 年 │ EMI 在 1971 年才為 Irene Ryder 推出首張個人大碟。

Irene 愛蓮
(EMI SREG-9611)

Side A	Side B
1. Speak Softly Love (Theme from "Godfather")	1. Leaving on a Jet Plane
2. First of May	2. Vincent
3. Up on the Roof	3. Beg Steal or Borrow
4. Both Sides Now	4. The Wedding/This is My Prayer
5. Too Beautiful to Last	5. Touch Me
6. In the Morning (of my life)	6. Don't Take Your Love Away From Me
7. Greensleeves	

1973 年 │ Irene 演繹的 Godfather 主題曲 Speak Softly Love 百聽不厭。

Solitaire
(EMI S-33ESX-220)

Side A	Side B
1. Solitaire	1. You're So Vain
2. The Last Waltz	2. Help me Jesus
3. Touch Me in The Morning	3. The Twelfth of Never
4. Help Me Make It Through the Night	4. Fool
5. The Morning After	5. All Over The World
6. Wonderful Dream	6. You're the Sunshine of My Life

1974 年 │ 第三張大碟續以 Irene 的特寫相片作封套。

The Best Of Irene Ryder
(EMI S-33ESX-225)

Side A
1. The Way We Were
2. Killing Me Softly
3. Billy, Don't Be a Hero
4. The Morning After
5. If You Love Me Let Me Know
6. (Where Do I Begin)
   Love Story

Side B
1. I Don't Know
   How To Love Him
2. I Won't Last A Day Without You
3. Speak Softly Love
4. Too Beautiful To Last
5. No Body's Child
6 Touch Me In The Morning

1975 年 │ Irene Ryder 的精選大碟，但部分歌曲未見收錄在之前的大碟中。

清麗脫俗的 Irene Ryder。

Christine Samson

TRACK 15
Christine Samson
@D'Topnotes

Christine Samson
@D'Topnotes

D'Topnotes 是一隊以菲律賓人為主的本地樂隊，成員六人包括 Christine Samson（主音/低音結他）、Michael Samson（鼓）、Vickie Samson（主音）、Danny Chung 鍾定一（鍵琴）、Robert Jennen（主音/結他）及 Majid Rahmand（結他）。據悉在此陣容之前，Joe Junior 和陳家蓀亦曾經加入過 D'Topnotes。

樂隊骨幹來自音樂世家

樂隊骨幹 Christine、Vickie 和 Michael 三姐弟來自 Samson 音樂世家，父親 Lobing Samson（洛平）是著名的單簧管好手，甚有 Benny Goodman[1] 的風範，享有「蕭王」洛平的美譽。

約 1966 年，D'Topnotes 在鑽石唱片公司推出第一張單曲唱片《The Duck b/w Love to Dance（Hala Hala）》。當中〈Love to Dance（Hala Hala）〉是「蕭王」洛平的作品。他們在 Diamond 出過三張單曲唱片，最受歡迎的作品要算是翻唱 James & Bobby Purify 的〈I'm Your Puppet〉。

D'Topnotes 可說是「橫跨」夜總會和年青人圈子的全方位組合，他們也曾經客串演出電影《青春夢》（1967 年），在戲中為影星雷震伴奏。

---

1. Benny Goodman（1909-1983），美國爵士樂界著名單簧管演奏家，人稱 The King of Swing。

D'Topnotes 成員（左起）：Majid、Michael、Robert、Danny、Christine、Vickie。

1969 年，D'Topnotes 轉投 EMI，分別在 1969 和 1970 年推出過兩張 EP《Sweet Inspiration》和《Humming》。1970 年，日本大阪舉行萬國博覽會，D'Topnotes 翻唱了 D'Swooners 的〈Sonata of Love〉，並收錄在香港館的一張單曲紀念唱片中。唱片的另一面則灌錄了 Betty Chung（鍾玲玲）唱的〈Love is a Many Splendored Thing〉。

D'Topnotes 和 EMI 的合作關係只維持了兩年。約 1971 至 72 年，Christine Samson 為東輝唱片灌錄了兩張 EP，其中一張〈愛情多美妙〉是 Christine Samson 唯一的國語唱片，唱片中 Christine 的中文名字喚作「姬絲汀森信」。這張國語碟中四首歌均由 Rel Asinas 作曲，值得留意是當中有三首歌的歌詞是狄薏的作品，狄薏其實就是著名國語時代曲作詞人陳蝶衣先生的筆名[2]。

2.　陳蝶衣先生有很多不同的筆名。其著名作品包括〈情人的眼淚〉、〈我的心裏沒有他〉、〈春風吻上的的臉〉等等。

六十年代的 Christine Samson
宛如流行偶像一樣，報刊會以其
私人生活為訪問內容。

The New Topnotes
陣容鼎盛

1973 年，樂隊因意見分歧而解散，
Christine Samson 和家人移居加拿大。
原有成員 Danny Chung（鍾定一）與
Majid Rahmand，加上 Johnny Ip 葉振
棠、Elisa Chan 陳潔靈、Andrew Oh
及 Roberto Petaccia 另組樂隊，取名
The New Topnotes，中文名「新特樂
樂隊」。The New Topnotes 在七十年
代推出過好幾張英文大碟。成員葉振棠
及陳潔靈隨後成為香港樂壇的實力派歌
手，他們的故事這裏就不多說了。

Christine 與 Vickie 在台上十分合拍。

續戰樂壇的
Christine Samson

1983 年，Samson 家族的 Christine、Vickie、Lizzie、Larry 及 Michael 重組 D'Topnotes，並以中文名「特樂樂隊」再戰香港樂壇。他們灌錄了一首廣東歌〈過去現在將來〉，收錄於 EMI 的《新歌 Encore》合輯中。可惜時機不合，他們來得太早，香港要到八十年代中後期才興起唱廣東歌的樂隊熱潮，特樂樂隊此後再沒有推出其他作品。1985 年，Christine Samson 起用洛詩婷的名字，以林敏驄的作品〈畫家〉參加第一屆亞太流行曲創作大賽，並得到季軍；比賽的冠軍則由夏韶聲所唱的〈空凳〉奪得。Christine 唱的〈畫家〉收錄在華納唱片 1986 年推出的雜錦唱片《奪標金曲》中。此外，Christine、Vickie 和 Lizzie 三姐妹亦曾在八十年代組成過 The Samson Sister Trio。

到九十年代，Christine Samson 開始全職教授唱歌，並成為城中著名的星級歌唱導師，學生包括蘇永康、楊千嬅、容祖兒、謝安琪、何韻詩、Twins、G.E.M. 及鄧麗欣等等。

至 2002 年，Christine Samson 推出英文專輯《Letter to My First Love》，並邀請著名唱片騎師 Uncle Ray 在唱片內客串旁白。2006 年，Christine 和 Uncle Ray 再接再厲，合作推出專輯《All Our Way》，演繹多首經典英文金曲。

2015 年 9 月 28 日，D'Topnotes 在九龍灣國際展貿中心舉行了一場 A Go Go Dance 演唱會，演出嘉賓包括有 Romeo Diaz（戴樂民）、陳欣健、Anders Nelsson、方力申和鄧麗欣等。這次演唱會反應熱烈，多份本地報章亦有報導當晚的盛況，證明闊別多年的 D'Topnotes 仍然深受樂迷愛戴。◎

Christine 是極少數登上結他雜誌的本地女結他手。

SINGLE **D'Topnotes**

The Duck b/w
Love To Dance (Hala Hala) (D244)

D'Topnotes 的
第一張單曲唱片。

I'm Your Puppet b/w
We'll Be Together (D258)

I'm Your Puppet
是樂隊最受歡迎
的歌曲。

Kinda Hot, But No Sweat
b/w Yvonne (D274)

Kinda Hot, But No Sweat
和 Yvonne 兩首歌
都是 Lobing Samson（洛平）
的作品。

EP **D'Topnotes**

Sweet Inspiration (EMI ECHK-525)

Side 1
1. Sweet Inspiration
2. When Something's
Wrong with My Baby
Side 2
1. I Say a Little Prayer
2. I Can't Stop Dancin

Humming (EMI ECHK-532)

Side 1
1. Humming
2. With a Little Help
From My Friendsy
Side 2
1. I'll Never Fall In Love
Again
2. Abraham, Martin
and John

轉投 EMI 的 D'Topnotes，出版過兩張 EP。

愛情多美妙（東輝 TFR1111）

Side A
1. 伴我夢尋
2. 一笑留情
Side B
1. 含淚問秋風
2. 愛情多美妙

這是 Christine Samson 唯一一張國語唱片。

Theme from The Godfather（東輝 TFR1112）

Side 1
1. Theme From The Godfather
2. When I Hear Your Name
Side 2
1. That Faces
2. Standin' Around In The Rain

七十年代一張罕有的 Christine Samson EP。

樂隊 陣容 變化

D'Topnotes

Christine Samson、Michael Samson、Vickie Samson、Danny Chung、Robert Jennen、 Majid Rahmand

↓

The New Topnotes 新特樂樂隊

Danny Chung、Majid Rahmand、Johnny Ip 葉振棠、Elisa Chan 陳潔靈、Andrew Oh、Roberto Petaccia

D'Topnotes 特樂樂隊 ←

Christine Samson、Michael Samson、Vickie Samson、Lizzie、Larry

The Blue
Star
Sisters

TRACK 16
The Blue Star Sisters

The Blue Star Sisters

The Blue Star Sisters（藍星女子樂隊）是香港最早期的全女子樂隊組合之一，成員都是來自菲律賓 Quiletorio 家族。幾姊妹雖然是菲律賓籍，但都是香港土生土長。樂隊成員包括有 Cora（主音結他／琴鍵）、Victoria（主音／琴鍵）、Zarina（鼓）、Salome（低音結他）和 Connie（結他）。

Blue Star Sisters 在 1964 年參加業餘音樂天才比賽（Amateur Talent Time），奪得亞軍。雖然她們是菲律賓樂隊，但可能因為隊員相當年輕，音樂風格並沒有職業樂隊那些濃厚的「夜總會味道」，反而多了一份青春氣息。事實上，當時香港很少有女樂手，全少女樂隊更是難得一見。[1]

Blue Star Sisters 在香港共出版過兩張細碟。在六十年代，幾乎所有樂隊都是鑽石唱片公司或 EMI 旗下的，然而她們的第一張唱片《Meet The Blue Star Sisters Combo》卻是由一間 Blue Star Music Company 的公司出版。其中單曲〈That Night in December〉由主音結他手 Cora Quiletorio 作曲，是一首悅耳動聽的慢版情歌。

或許因為第一張唱片頗受歡迎的緣故，令她們得到 EMI 的賞識。跟 EMI 簽約後，她們於 1969 年灌錄了一張同名 EP《The Blue Star Sisters》，主打歌〈But Not Goodbye〉由著名樂隊領班 Vic Cristobal（葛士培）所作。另外她們還演繹了 The Rebel Rousers 的〈As I Look〉和〈Should I〉。

Blue Star Sisters 除了在總統酒店的 Firecracker 和 Universal Playboy Night Club 演出，也到過星馬泰等地方登台。其後 Blue Star Sisters 在新加坡和當地的著名笑匠王沙、野峰合作推出

---

1. The Blue Star Sisters 之外，香港還有幾支全女子樂隊，例如 Anett Girls Band、Mods、Powder Puff、D'Angels 等。

Young Hongkong

OUR QUEST SUCCESS LED TO THEIR TRIPS ABROAD

Meet the Blue Star Sisters

THE BLUE Star Sisters are one of Hongkong's most widely-travelled and yet — with an average age of 16 — one of our youngest groups.

The five girls got their first break when they came second in the Talent Quest in 1964. Since then they've toured Singapore, Malaysia, Borneo and Thailand.

If they hadn't been so young the list would include several more countries.

"We've had to turn down quite a few offers because two of us were under the legal age to perform on stage," drummer Zarina Quiletorio told YOUNG HONGKONG.

The Quiletorio sisters love to travel and see new places and faces.

"As soon as all of us are old enough we would like to tour Europe and Australia," Zarina said.

Versatile

Here's a quick introduction to the girls in the group.

● The youngest member is 'BABY' VICTORIA. She's the lead singer and she also plays guitar, bass, organ, piano and drums.

● CORA plays lead guitar, bass, organ, piano, saxophone, vibes and drums. She also sings and composes songs.

That's quite an achievement for a 15-year-old girl.

● CONNIE plays the guitar and bass and takes on the occasional vocal.

● SALOME sings, plays the saxophone and the bass.

● ZARINA is the eldest of the five. She plays the drums and sings.

Last year the girls, with the help of their parents, started their own Blue Star recording label.

Popular in Bangkok

So far they've recorded one single which has done quite well in Bangkok.

The record never entered the local hit parade due to lack of promotion.

At the moment they're planning to record an EP.

At least a couple of the songs will be composed by Cora.

"Sometime in the future we would like to record other groups on our label too," they said.

The Blue Star Sisters have appeared on The STAR Show and RTV's Soundbeat Show several times.

You can see them perform at their tea dance every Saturday afternoon at the Universal Playboy Club in Kowloon.

過一張現場唱片《Happy Dance》。不知道是新加坡的唱片公司想強調他們是菲律賓樂隊，還是因為唱片合約事宜，封套上的樂隊名字竟變成了 Philippine Five Sisters。

1973 年，Blue Star Sisters 移居泰國曼谷，一直長駐當地的夜總會演出。Cora Quiletorio 現在是當地的鋼琴和歌唱導師。2002 年，Blue Star Sisters 曾經返港在美麗華酒店的 Eyes Music Club & Bar 演出兩天，讓闊別多年的本地歌迷懷緬一番。◉

The Blue Star Sisters 與 Anders Nelsson 同台獻技。

The Blue Star Sisters 曾遠赴德國宣傳其同名 EP。

THE BLUE Star Sisters have put off their trip to Germany for a while. It might be just as well because it means they'll be around to promote their first record for EMI.

Called But Not Goodbye (Say Goodnight) it was composed for them by Vic Cristobal who also produced the record.

It's a slow ballad which features singer 'Baby' singing a tearful plea to her boyfriend to say goodnight but not goodbye.

There will be plenty of goodbyes for the five sisters when they finally leave for their European tour.

Meet The Blue Star Sisters Combo
That Night In December
b/w Keep On Running (BS-1001)

唱片封套的背景
是未有高樓大廈
的六十年代香港。

EP ▼ The Blue Star Sisters

The Blue Star Sisters
(EMI ECHK-524)

Side 1
1. As I Look
2. But Not Goodbye
   (Say Goodnight)
Side 2
1. Should I
2. Soon I'll Wed My Love

1969 年的同名 EP。全女子組合在當時香港比較少見，
她們在香港推出的這兩張唱片現在已很難找到了。

LP ▼ The Blue Star Sisters

Happy Dance
(Rockson Record RTC88)
曲目不詳

年份不詳 Happy Dance 是現場錄音唱片，這個時期的她們應該已
經累積了豐富的表演經驗，但看來仍然一臉稚氣。

The

Reynettes

TRACK 17

The Reynettes

The Reynettes

六十年代的香港樂壇百花齊放，除了一眾本地樂隊之外，也有外來的，The Reynettes（夜明珠合唱團）便是其中一隊。

Reynettes 幾位成員為姊弟，包括有 Luzviminda（主音／結他）、Baby（鼓）、Rosa（低音結他）、Jeanette（色士風）和 John（琴鍵）。他們的父母都是菲律賓人，父親 Mistra Reyes 曾經是樂團領班，The Reynettes 組成後，便當上他們的經理人。

Reynettes 的名字在一般樂迷心目中或許比較陌生，但他們於 1966 年原唱的〈Kowloon Hong Kong〉卻在六十年代紅極一時。〈Kowloon Hong Kong〉可稱得上是港式西洋風的代表之作，歌詞生動有趣，當中混合了一段由 Tsai Chin（周采芹）原唱的〈Ding Dong Song〉[1]，為〈Kowloon Hong Kong〉這首歌注入了中西相會的味道。

當中的歌詞提到人力車伕（come here come here rickshaw boy），為聽眾帶來一幅仿如置身於六十年代電影《蘇絲黃的世界》（*The World of Suzie*

---

1. 〈Ding Dong Song〉的原曲為〈第二春〉，由姚敏作曲，易文填詞，董佩佩原唱，1959 年被 Lionel Bart 改編為英語版，成為英國舞台劇《The World Of Suzie Wong》的主題曲。流行音樂史上第一首被翻成英文的中文歌曲是姚莉主唱的《玫瑰玫瑰我愛你》（英文版為〈Rose Rose I Love You〉），〈Ding Dong Song〉是第二首被改編為英文的中文歌。

The Reynettes 是由五姊弟組成的菲律賓人樂隊。

Wong）中繁華的天星碼頭影像。最有趣的是中後段的幾句歌詞：

Kung Hei Kung Hei Fat Choy
Lai See Taw Loy
That's the thing to do
Kung Hei Kung Hei Fat Choy
Taw Ling Oom Oi, That's the thing to do

看不懂？翻譯成中文即是「恭喜、恭喜發財，利事逗來……恭喜、恭喜發財，斗零唔愛」，這幾句是六十年代小孩拜年時流行的戲言，恭喜發財恰巧是不少居港洋人略懂的一句廣東話，Luzviminda 還故意模仿西人用那種半唐番口音唱出這段歌詞，十分風趣。斗零硬幣（即港幣伍仙的俗語）一早已成絕響，這歌今天聽來更覺懷舊味十足。

〈Kowloon Hong Kong〉是他們的父親 Mistra Reyes 所作，曾經先後被潘迪華和葉麗儀翻唱。此歌經常出現於懷舊電視劇集和節目中，甚至用作香港賀歲煙花匯演的背景音樂，卻往往被人誤以為是二人組合「筷子姊妹花」

（Chopsticks）的歌曲，所謂紅歌不紅人，現在沒多少人記起這隊夜明珠合唱團了，但〈Kowloon Hong Kong〉卻成為了最能代表香港的歌曲之一。

Reynettes 是遊走於各夜總會的職業樂隊，於 EMI 旗下共出版過三張 EP。除了 1966 年推出的《Kowloon Hong Kong》，另外兩張唱片分別是《Soulin' The Blues》 和《Never Leave Me》，但受歡迎程度始終及不上前作。

六十年代的菲律賓樂隊走埠登台屬平常事，Reynettes 在新加坡和印尼等地方亦頗受歡迎。Reynettes 的唯一一張大碟亦是在印尼推出，年份不詳，估計是七十年代初。從唱片封面所見，成員略有變動，但筆者並沒有新隊員的資料。封面背景的建築物是印尼雅加達的國家博物館。該唱片公司 Remaco 是六七十年代印尼最具規模的唱片公司，參與製作這張大碟包括有印尼組合 4 Nada、D'Strangers 和 Band Vista。◎

Kowloon Hong Kong (ECHK-506)

Side 1
1. Kowloon Hong Kong
2. Rescue Me

Side 2
1. Bei Mir Bist Du Schön
2. This Little Boy

有多少人知道 Kowloon Hong Kong 的原唱者就是 The Reynettes？這唱片於 1966 年推出。

Soulin' The Blues (ECHK-517)

Side 1
1. Knock On Wood
2. New Orleans

Side 2
1. My Life Is
   A Lonely One
2. Night Train

B 面的 My Life Is A Lonely One 是 Vic Cristobal（葛士培）和 DJ Darryl Patton 所作。

Never Leave Me (ECHK-528)

Side 1
1. Never Leave Me
2. Think of Me

Side 2
1. Angel of The Morning
2. Me The Peaceful Heart

1969 年推出的第三張 EP。The Reynettes 其後的唱片的受歡迎程度始終未能超越 Kowloon Hong Kong。

LP **The Reynettes**

The Reynettes
(Remaco RLL-080)

Side A
1. Malam Indah (Love is Blue)
2. De Li Lah
3. Manis Dan Sajang
4. Danny Boy
5. Tjinta Pertama
6. Conversation

Side B
1. Spinning Wheel
2. Karna Engkau (Dahil Sa-yo)
3. Djangan Lupa Diriku
   （一寸相思一寸淚）
4. Derita
5. In The Morning
6. Surat Undangan

年份不詳 | Reynettes 唯一的大碟，在印尼推出。

TRACK 18
Marilyn Palmer

Marilyn Palmer

香港六十年代 Pop Scene 的女歌手，最為人熟悉的要算是 Irene Ryder，但其實早在 Irene Ryder 出道之前，已經有一位相當受歡迎的女歌手，她就是 Marilyn Palmer。

Marilyn Palmer 於 1958 年參加 Beginners Please 音樂比賽，得到季軍，1959 年在麗的呼聲的歌唱節目《Talent Time》中獲得冠軍，從而開始在夜總會中獻唱，她更曾在美國 Bobby Rydell Show 中亮相。1960 年的全港公開 Off-Beat Cha Cha 比賽，她又獲得冠軍。

多才多藝的 Marilyn Palmer。

Marilyn Palmer 第一間簽約的公司是鑽石唱片公司，1961 年她推出首張細碟，收錄〈Kiss Me Honey Honey Kiss Me〉，這歌正是她參加 Talent Time 時演唱的歌曲。〈Kiss Me Honey Honey Kiss Me〉是 Shirley Bassey 的名曲，原唱者為 Gogi Grant。Marilyn Palmer 的演譯刻意帶有一點嬌媚造作，加上歌詞內容中提到直接求吻，今天聽來仍覺十分大膽。

Marilyn Palmer 經常作中性打扮。

Marilyn Palmer
跟 Teddy Robin
& The Playboys
的合照。

她在鑽石唱片公司亦灌錄過爵士樂名曲
〈Lullaby of Birdland〉等歌。其後，
Marilyn Palmer 過檔 EMI，推出過數
張細碟，灌錄歌曲包括〈1-2-3〉、
〈I Want One Boy〉、〈Just Like a
Man〉等。

喜愛中性打扮的 Marilyn Palmer 雖 是
英國人，卻能說得一口流利粵語，
六十年代的流行音樂演唱會和派對都
經常都見到其蹤影；她亦是電視音樂
節目《Sound Beat》的常客。Marilyn
Palmer 曾 經 獲 音 樂 雜 誌《Music
Maker》選舉為最受歡迎女歌手。

七十年代，Marilyn Palmer 和玉石樂隊
（Jade）合作過一曲〈La La Means I
Love You〉，其後更成為好時唱片公司
（House Record）的唱片監製。◉

Marilyn Palmer 暫別香港樂壇的報導；同一篇報
導中可見到她正在參與《Sound Beat》的演出。

Marilyn Palmer

Off Beat Cha Cha
(D85)

Marilyn Palmer
版本的 Kiss Me
Honey Honey
Kiss Me 是她最廣
為人認識的單曲。

1-2-3 b/w I Want One Boy
(EMI CHK1021)

I Want One Boy
是本地 DJ Darryl
Patton 為她度身
訂做的單曲。

Marilyn Palmer

Off Beat Cha Cha (EP100)

Side 1
1. My Blue Heaven – Marilyn Palmer
2. Manhattan – Tony Myatt
Side 2
1. My Truly True Love – Chico Roza Pereira
2. Lullaby of Birdland – Marilyn Palmer

爵士樂名曲 Lullaby of Birdland 歌名所指的，原來就是爵士樂大師
Charlie "Bird" Parker 和以他命名的 Jazz Club ： Birdland。

Man of My Heart (EMI ECHK518)

Side 1
1. Man of My Heart
2. Loving You
Side 2
1. Reconsider Baby
2. This Little Boy

Man of My Heart 是 Marilyn Palmer 的首次個人
創作，至於 Loving You 和 Reconsider Boy 均是
DJ Darryl Patton 的作品。

Just Like a Man (EMI ECHK522)

Side 1
1. Just Like a Man
2. Untrue Unfaithful
Side 2
1. Gimme Little Sign
2. This World We
   Love In

Just Like a Man 這支單曲歌名不禁令人聯想起
Marilyn Palmer 的中性打扮形象。

Chapter.4
過 江 龍

六十年代香港發展迅速，外國遠洋巨輪和軍艦不時來港停泊，造就了尖沙嘴和灣仔一帶的酒吧、夜總會林立。這些娛樂場所多聘請一些當時俗稱「洋琴鬼」的外地樂手，當中以菲律賓籍樂師居多，他們與生俱來的音樂感和精湛的彈奏技術，加上大多能操英語，可以和客人溝通互動，同時菲籍人士亦比本地華人樂手更熟悉歐西流行曲和跳舞音樂。

另一方面，這些娛樂場所也會主動邀請東南亞地區的職業樂隊來港演出，六十年代有不少外來樂隊就是以合約形式逗留香港，少則數星期，長則達半年或以上。部分較知名和有水準的組合，會獲唱片公司邀請灌錄唱片。

The Quests、Thunders、D'Starlight、The Hi-jacks、The Downbeats、Five N Fives 這些「過江龍」，曾經在香港發展，並有一定知名度，如果我們從宏觀的角度去看六十年代香港樂隊潮流的發展，他們是其中不可分割的一環。

TRACK 19
The Thunders

TRACK 20
D'Swooners

TRACK 21
The Downbeats

TRACK 22
The Quests

The Thunders[1]

澳門跟香港近在咫尺，大部分澳門人對香港的娛樂圈和流行文化瞭如指掌。相反，一般港人對澳門的認識多局限於其賭業文化和美食。若要數澳門的流行歌手或組合，最為港人熟悉的要算是 2005 年推出第一張粵語專輯的二人組合 Soler。

原來遠於六十年代，澳門已有樂隊進軍香港，並在香港的音樂比賽中獲得殊榮，他們就是 The Thunders（雷電合唱團），是名副其實的過江龍。

Thunders 的前身是一隊叫 Colour Diamonds 的組合，成員都是十多歲的澳門本土葡裔學生，主要以業餘性質參與一些派對的演出。Colour Diamonds

有份參與 1963 年在清平戲院舉辦的音樂節，可是由於隊員的平均年齡只有 14 歲，未能符合大會的參賽資格。然而，這次音樂節後 Colour Diamonds 多了很多演出的機會，除了到酒店的夜總會，更被邀請往澳門內港的海上皇宮演出。

到香港參加比賽

Colour Diamonds 經歷數次成員變動之後，於 1966 年改組為 Thunders，成員分別是 Herculano Airosa Alou（琴鍵）、Armando Sales Ritchie（低音結他）、Rigoberto do Rosário Jr. Api（主音結他）、Domingos Rosa Duque Lelé（結他）和 Manuel Costa（鼓）。同年 7 月，他們到香港參加 Talent Quests 比賽，是唯一一支參賽的外來樂隊，雖然未有獲得獎項，卻贏得寶貴的經驗。

---

1. 本文內容參考自 The Thunders 於 2004 年推出的 CD 內頁資料。

1968 年，無綫電視音樂節目《Star Show》舉辦音樂比賽，Thunders 再接再厲來港參加。他們最終憑自己創作的歌曲〈She's In Hong Kong〉勇奪冠軍寶座，並得到 EMI 的一紙合約。Thunders 是第一隊簽約國際唱片公司的澳門樂隊，在 EMI 推出的第一張單曲唱片《She's In Hong Kong b/w My Love Is a Dream》大受歡迎，唱片公司要立即加印來應付市場的需求。EMI 亦隨即為 Thunders 灌錄第二張細碟《Look At My Eyes b/w A Minha Tristeza》和第三張細碟《Summer Fun b/w I Won't Say Goodbye》，在 1969 年推出市面。

除了推出唱片，Thunders 亦得到香港 Copacabana Night Club 的垂青，簽約到香港演出。但是，樂隊成員 Armando Ritchie 和 Manuel Costa 選擇留在澳門，空缺由 Armando Lopes 補上。其後 Armanda Lopes 亦因厭倦夜總會的生活而離隊，之後的隊員也經歷過好幾次變動。此外，Thunders 在香港也參與了電影《紅燈綠燈》的演出，片中的主角是鄧光榮和苗嘉麗。

向澳門致敬

1970 年，Thunders 推出他們最重要的一張 EP 細碟《Macau》。此曲是 Rigoberto do Rosário Jr. Api 向澳門致敬的作品，內容有別於當時一般以愛情為題材的歌曲。唱片公司亦隆重其事安排了一隊由 Vic Cristobal（葛士培）指揮的交響樂團為這歌伴奏。EMI 更想到一個絕妙的宣傳點子，在唱片開售之前，把第一張唱片獻給澳督嘉樂庇（Nobre de Carvalho）。〈Macau〉往後成為澳門最具代表性的一首歌，經常在重要的場合或節目中播放。

同期 Thunders 得到香港金寶夜總會（Mocambo）的表演合約，每晚都座無虛席，連巴西球王比利都曾經是座上客。可惜樂隊的成員再經歷變動，直到 1971 年跟金寶夜總會的合約完結後，便告正式拆夥，其後部分隊員移民到外地。

相隔 40 多年後，Thunders 的隊友回到澳門聚首，並重新灌錄了當年的經典作品，於 2004 發行了一張紀念 CD《The Thunders of Macau》。◉

She's in Hong Kong b/w My Love Is a Dream (CHK-1037)

The Thunders 成
名之作：She's
In Hong Kong。
1968 年推出。

Look At My Eyes b/w A Minha Tristeza (CHK-1042)

Look At My
Eyes 一曲由隊員
Rigoberto 所作。

Summer Fun b/w I Won't Say Goodbye (CHK1048)

Summer Fun 是市
政局贊助的音樂比
賽冠軍歌，藉此推
廣沙灘安全，後找
來 The Thunders
灌錄此曲。

Macau (ECHK-531)

Side 1
1. Macau
2. My Little Boy
Side 2
1. Namorado
Ciumento
2. Good-Bye
My Friend

1970 年推出的 Macau EP。

CD **The Thunders**

The Thunders of Macau

1. Macau (Instrumental)
2. Macau
3. Look at my eyes
4. A minha tristeza
5. She's in Hong Kong

6. My love is a dream
7. My little boy
8. Namorado ciumento
9. Goodbye my friend
10. Macau (Instrumental)

2004 年 | 闊別樂迷多年的 The Thunders 再度聚首一堂，灌錄 CD。

D'Swooners

D'Swooners 在 1963 年於菲律賓組成。
五六十年代香港輸入不少菲律賓樂手，
D'Swooners 亦遠渡重洋到香港找尋發
展機會。D'Swooners 的成員包括 Cris
Solano（主音 / 低音結他）、Charlie
Cajilig（結他）、Ernie Espiritu（琴
鍵）、Ronnie Parina（小號）和
Eddie Fortuno（鼓）。

1964 年 D'Swooners 在 EMI 旗下灌錄
細碟單曲〈Sonata of Love〉，這是他
們的成名作；這首旋律優美的慢歌由葛
士培（Vic Cristobal）作曲，在電台有
不錯的播放率，背面為〈Pretty Eyes
Baby〉。之後亦推出過另一張細碟《We
May Meet Again b/w The Tears That I
Cry》。

進軍日本樂壇

著名英國樂隊 The Kinks 和 Manfred
Mann 來 港 演 出 時，D'Swooners 亦
有份參與演出。剛巧曾飾演姿三四郎
的日本演員兼歌手加山雄三（Yuzo
Kayama）是 Manfred Mann 演唱會的
座上客，對 D'Swooners 甚為賞識，之
後就邀請他們上日本的電視節目。

自 從 1966 年 6 月 29 日 The Beatles
登陸日本之後，日本亦興起了樂隊熱
潮，當 地 稱 為 Group Sound （GS）
時代。當時比較知名的日本 GS 組合
包 括 有 The Tigers、The Mops、The
Golden Cups 和 The Jaguars 等 等。
D'Swooners 以他們的狂野演出風格和

菲律賓樂手一貫的精湛彈奏技術，在日本當地備受觸目，順勢簽約 Philips 唱片公司，推出大碟《R&B Golden Hits》（1968 年）和《Portrait of love》（1969 年）。

進軍日本樂壇的 D'Swooners 轉走前衛路線，大碟中除了翻唱迷幻組合 The Doors 和 Procol Harum 的歌曲外，更大膽彈奏美國神級結他手 Jimi Hendrix 的作品，風格相比他們在香港灌錄的歌曲有很大分別。之後 D'Swooners 接受香港雜誌訪問時，不忘批評香港樂壇保守，比起東京的音樂發展過時，更坦言不會再考慮回歸香港樂壇。[1]

D'Swooners 其後有成員變動，Ernie Espiritu 的位置由 Jun Batilaran 取代。另一位成員 Ronnie Parina 亦離隊，由 Butch Tigno 填補。改組後的 D'Swooners 並沒有維持很長的時間便解散。主音歌手 Cris Solano 曾經在 1973 年推出個人大碟《Night Spot at 26 O'clock》，但風頭始終及不上 D'Swooners 時代。◎

---

1. 參見《Fabulous Young Hong Kong》 Vol. 10，No.4，1969 年 4 月。

SINGLE **D'Swooners**

Sonata of Love b/w Pretty Eyes Baby (HK-1007)

1964 年於香港灌錄的 Sonata Of Love。

Sonata of Love b/w Mickey's Monkey (Philips FS-1051)

日本重新發行的 Sonata of Love。

The Downbeats

The Downbeats 是菲律賓樂隊，早期的樂隊成員有 Tony Jalandoni（主音結他）、Charlie Mielieb（結他）、Tonet Fabie（低音結他），Eddie Reyes（琴鍵／鼓／主音／經理）和 Joey（Pepe）Smith（鼓／主音）。1966 年 7 月 4 日，The Beatles 在馬尼拉舉行演唱會的時候，Downbeats 正是開場的表演隊伍。

Downbeats 的風格其實一點也不像 The Beatles，反倒酷似當時被認為是披頭四的「壞孩子版」——搖滾勁旅 The Rolling Stones；主音 Pepe Smith 是菲律賓搖滾樂（Filipino rock，一般稱為 Pinoy Rock）的代表人物，被樂迷喻為 Mick Jaggar of Philippines。[1] 有趣的

是，Downbeats 偏偏在 Beatles 演唱會的開場時段演唱 Rolling Stones 的〈Get Off of My Cloud〉。 後 來，Charlie Mielieb 和 Tony Jalandoni 離隊，由 Wally Gonzalez 和 Mike Hanapol 填補空缺。[2]

Downbeats 在菲律賓 RCR 唱片公司出版過幾張細碟，包括有《Gloria b/w Gotta Tell The World》 和《Like a Rolling Stone》等等。大概 1966 年，他們在香港的鑽石唱片公司

---

1. Mick Jaggar 即是 The Rolling Stones 的主音。

2. http://pinoyclassicrock.com/bands1.htm

推出了一張細碟，收錄歌曲〈You Gotta Tell me〉和〈It Won't be Easy〉，這兩首歌是 Pepe Smith 和隊友 Tonet Fabie 的作品。另外還翻唱了兩首 Rolling Stones 的歌，分別是〈Heart of Stone〉和〈Get Off of My Cloud〉，輯錄在 Diamond 的合輯《The Hit Makers》（LP-1031）之內。

有關 Downbeats 在香港的資料不多，有說他們當時的酬勞是全港國際樂隊（International band）之冠[3]，但似乎他們並沒有在香港長時間發展，本地樂迷對他們的印象也並不深刻。由於 Pepe Smith 在 Pinoy Rock 中的地位，Downbeats 在香港的這張細碟亦變得

格外珍貴。[4]

1970 年，Pepe Smith 加入另一隊菲律賓搖滾勁旅 Juan Dela Cruz Band。一直活躍菲律賓樂壇的他，到 2005 年推出個人大碟《Idiosyncrasies》。◉

---

3. http://en.wikipedia.org/wiki/Pepe_Smith 見 Career 第一段。

4. 筆者大概在 2000 年的時候二手購入 Diamond 出版的這張細碟，當時的店主告訴筆者，曾經有遠至美國的歌迷寫電郵來港找尋這一張唱片。但筆者問過好幾位資深的本地歌迷，對 Downbeats 這隊組合都不太有印象。

SINGLE **The Downbeats**

It Won't Be Easy b/w You Gotta Tell Me
(D243)

The Downbeats 是來自菲律賓的搖滾勁旅。這張 Diamond 細碟屬於他們的原創作品。

The Quests

The Quest，左起：Reggie Verghese, Vernon Cornelius, Lim Wee Guan, Henry Chua, Jap Chong。

The Quests（征服樂隊）可說是六十年代新加坡最成功的樂隊，紅遍新加坡、馬來西亞和香港。Quests 組成於 1960 年，第一代的成員有四位，包括 Raymond Leong（主音）、Henry Chua（低音結他）、Jap Chong（結他）和 Lim Wee Guan（鼓）。樂隊的名字取自 Jap Chong 就讀的中學刊物《Quests》，全寫是 Queenstown Secondary Technical School。

Quests 參加 YMCA 舉辦的天才表演（Talen time），贏得冠軍，後來新加坡電視台邀請他們上電視節目《Dendang Ria》和《Pop Inn》。1963 年，他們參加新加坡電台的比賽，雖然未能摘冠，卻被推薦到 EMI 唱片公司試音。同時間 Raymond Leong 決定離隊繼續學業，位置由 Reggie Verghese 取代。

1964 年，Quests 在 EMI 推出第一張細碟，主打的純音樂作品〈Shanty〉推出不久即打敗 The Beatles 的〈I Should Have Known Better〉，成為新加坡電台流行歌曲榜榜首，〈Shanty〉也成為 Quests 的代表作。

早期的 Quests 曾經和歌手 Wilson David 合作。大概 1965 年左右 Quests 和 R&B 歌手 Keith Locke 開始合作，電視台特定為他們度身訂造了一個音樂節目《Keith Locke and The Quests》，灌錄過幾張細碟包括《Be My Girl b/w Don't Play That Song（You Lied）》和《Push Push b/w That You Are Mine》，並到過馬來西亞巡迴演出。Quests 和 Keith Locke 合作了大概兩年便結束，這個時候他們覺得有必要找一位主音歌手。最後有組合 Unit 4 Plus 2 Plus 1 的 Vernon Cornelius 加入，Quests 變成了一隊五人樂隊。

1966 年尾，Quests 推出首張大碟《Questing》，是新加坡第一張本土樂隊灌錄的立體聲大碟。1967 年一月，著名英國樂隊 The Yardbirds 來新加坡演唱，Quests 被邀在他們的演唱會作開幕演出。同年六月，低音結他手 Henry Chua 因學業理由離隊，位置由 Sam Toh 取代。

Quests 不時為其他新加坡歌手做唱片 backup，合作過的包括有 Lam Leng（南玲）、Rita Chao（凌雲）、Eddie Ahmad、Sakura Teng（櫻花）等等。有一次 Quests 聽到菲律賓人樂隊 D'Starlights 的演出，驚嘆其 Yamaha Organ 所展露的圓渾音色，遂決定物色一名琴鍵手。商議後由 Jimmy Chan 出任這位置，成為了 Quests 的第六位成員。1967 年 12 月，Quests 出版第二張大碟《33rd Revolution》，受到 Beatles 的概念大碟《Sgt. Pepper's Lonely Hearts Club Band》影響，Quests 突破之前的風格，大走迷幻前衛的音樂路線。

應邀到香港發展

差不多同一時間，Quests 收到香港的金寶夜總會（Mocambo）的邀請，這對他們來說是新的嘗試，Quests 欣然接受。1968 年 3 月，香港的 EMI 為他們推出了一張細碟《Mr. Rainbow b/w Never Ever》，旋即登上香港流行榜首位。同時，Quests 亦在香港成立了歌迷會。香港的媒體稱他們為「六傑士」。

Quests 除了每晚在金寶夜總會表演外，亦在星期六、日的 tea dance 時段演出，並亮相本地的電視音樂節目，令他們的知名度與日俱增。這段期間，他們在香港推出了細碟《La La Means I Love You b/w A world of Tomorrow》。然而，在香港馬不停蹄的表演生涯，令到 Quests 的隊員感到相當疲累，他們認為是時候返回新加坡了。1968 年 10 月 23 日，樂隊在大會堂舉行了一場歡送演唱會，同場參與演出的香港樂隊和樂手包括 The Lotus、Danny Diaz & The Checkmates、Irene Ryder、Marilyn Palmer、Vic Cristobal 等等。

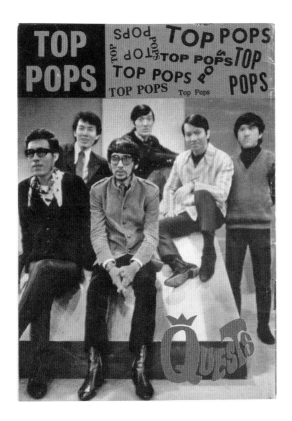

樂隊曾登上香港雜誌《Top
Pops》的封面。

回到新加坡後，Vernon Cornelius 因健康理由決定離隊，主音的位置由 Jap Chong 和 Reggie Verghese 兼任。過了不久，Quests 在 1969 年 1 月再度來到香港的金寶夜總會表演，基本上香港的歌迷已經把他們當成是本地組合了。同年七月，Quests 和金寶夜總會的合約完結，這個時候香港的樂隊潮流已經步入尾聲，Quests 遂決定返回新加坡，隊員 Jimmy Chan 則選擇分道揚鑣，

留在香港發展。1970 年，Jimmy Chan 加入了曾有許冠傑坐鎮 Lotus。

樂隊回到新加坡後，Peter Richards 加入成為琴鍵手。推出過一兩張細碟後，Quests 終於 1970 年解散。Reggie Verghese 轉做幕後，曾經為 New Topnotes、葉麗儀等監製唱片。八十年代，Quests 曾經重組以作慈善演出。◎

The Quests 曾經出版和參與的細碟多達數十張，大部分在新加坡灌錄和推出，以下輯選其中一部分。

SINGLE **The Quests**

La La La Means I Love You b/w
A World Of Tomorrow (EMI CHK1068)

他們在香港推出
的細碟，單曲 La
La La Means I
Love You 頗受香
港樂迷喜愛。

EP **The Quests**

ConQuests (ECHK612)

Side A
1. Jesamine
2. What is Soul
Side B
1. Sunshine Of Your Love
2. Hey Girls

ConQuests 是他們在 1968 年於香港灌錄的細碟。

LP **The Quests**

Questing
(EMI 330SX-7775)

Side A
1. Instrumentally Western
2. You're Tellin' Lies
3. Look In My Eyes
4. Lengang Kangkong
5. She's The One
6. Drivin' Me Mad
7. Shadow Of Your Smile

Side B
1. Shanty
2. In A World Of Our Own
3. Honey House
4. Yang Di-Man Satu
5. All My Sorrows
6. Please Try And Understood
7. My Favourite Things

1966 年 | The Quests 的第一張大碟，從新灌錄了他們的成名作 Shanty。

33rd Revolution
(EMI 33ESX 605)

Side A
1. Hava Nagila
2. Come On Down To My Boat
3. Guantanamera
4. Hur Pi Tzu Shau Hsiang
5. Never Ever
6. Mr. Rainbow

Side B
1. Georgy Girl
2. 26 Miles
3. What's Wrong With The Way I Live
4. This Nearly Was Mine
5. I'll Never Fall In Love Again
6. A World Of Tomorrow

1967 年 | 試行前衛迷幻路線的大碟 33rd Revolution。

Chapter.5
滄海遺珠

六十年代本地冒起的樂隊和歌
手眾多，有不少曾經閃耀一時卻
因時日久遠而被人遺忘。這些樂隊或
歌手，都曾經推出至少一、兩張唱片，在
香港流行音樂歷史上留下足印。由於篇幅有
限，本章節僅能介紹十多隊組合和歌手。（其
他如 Robert Pierce 的 The High Tops、
Maria Wu 的全女子組合 Powder Puff 和
D Angel、高靜芝和苗可秀的 The Mods、
林敏怡那隊 The Peppers、Esther Chan
的 Celtics、 梁寶耳（Paul Leung）負責
作歌和監製唱片的 The Phantoms、Five
Shades of Blue、Sons of Han、Wot's
Happening，以至六十年代尾組成的筷子姊妹
花（The Chopsticks）等等，只好留待他日
有機會再作介紹）

The Corsairs

在眾多香港六十年代樂隊中，有一支可說是遭受樂迷忽視的，那就是 The Corsairs。

Corsairs 的領軍人物是菲律賓樂手 Tony Carpio。Carpio 家族是香港著名的音樂世家，橫跨三代，最為廣大歌迷認識的有杜麗莎（Teresa Carpio），屬於這音樂家族的「第三代」。杜麗莎六歲的時候就已經參加業餘音樂天才比賽，還勇奪冠軍。杜麗莎的妹妹查寧（Charing Carpio）也是歌手，在 1976 年為「好市唱片」（House Record）灌錄過一張大碟《I'm On Fire》。弟弟施韋然曾任搖滾樂隊「水晶迷」（Crystal Zone）的主音兼低音結他手，自 1989 年起推出過數張大碟。杜麗莎的父親 Fernando Carpio 是有名的爵士樂鼓手，祖父 Fred Carpio 是樂隊指揮；Fred 的哥哥 Tom Carpio 是一位彈奏五弦琴的樂師，其兒子就是 Tony Carpio（即杜麗莎的表叔）。

香港著名音樂世家： Carpio 家族

Tony Carpio 在 1963 年成為鑽石唱片公司的 Music Director，曾經隨同當時 Diamond 旗下的樂隊 The Fabulous Echoes 到美國拉斯維加斯等地方巡迴演出。1964 年，Corsairs 成立，並先後推出兩張細碟和一張同名大碟，音樂風格是當時相當流行的電結他純音樂演奏，令人想起 The Ventures。選曲方面，除了較為大路的〈Quizas Quizas Quiza〉、〈Blue Moon〉、〈Perficia〉之外，亦有時代曲〈Yie Lai Shan〉（夜來香）和〈China Night〉（支那之夜）。

樂隊陣容包括 Tony Carpio（主音 / 結他），Joe Nanas（鋼琴）、Chris Abelardo（低音結他）、Ricky Flores（鼓）和 Benny Ruivivar（主音）。

Corsairs 開始在六十年代有名的夜總

會 Bayside 演出，其後被邀請到曼谷的酒店表演，這時鼓手轉為 Louis Soriano。1967 年，Rusty Trinidad 加入成為主音歌手，不過合作了短短兩年，Rusty 便移民到美國。

1969 年 Corsairs 到曼谷的 Rama Hotel 演出，這時的陣容有 Tony Carpio（結他）、 Jimmy Elepano（鋼琴）、 Paul Jumangit（低音結他）、 Louis Soriano（鼓）、 Eddie Sangcup（色士風）和 Wally Reataza（主音）。

1970 年，Corsairs 隨着樂壇大氣候的轉變而解散。1976 年，Tony Carpio 成立 Tony Carpio Music Workshop[1]，往爵士音樂方面發展。Tony 推出過自己的個人大碟，包括有《Twelve Delicious Flavours》、《Jazz at the Dickens》和《Just Let It Happen》。

---

1. The Tony Carpio Music Workshop 網站:http://www.tonycarpio.com

EP The Corsairs

The Corsairs Vo 1 (EP008)

Side A
1. Blue Moon
2. My Blue Heaven
Side B
1. Baby Elephant Walk
2. Come September

The Corsairs 的唱片都用 Ford 的汽車為封面。

The Corsairs Vol 2 – Off Beat'66 (EP015)

Side A
1. Besame Mucho
2. Never On Sunday
Side B
1. Amapola
2. You Belong To My Heart

Vol 2 的四首音樂沒有收錄在大碟當中，額外珍費。

LP The Corsairs

The Corsairs (LP1018)

Side A
1. Quizas Quizas Quizas
2. Cho Cho San
3. Blue Moon
4. Malaguena
5. Estrelita
6. Perfidia

Side B
1. Yie Lai Shan
2. Planting Rice
3. Guitar Boogie
4. Beyond The Sea
5. Come September
6. China Night

1965 年 | The Corsairs 是鑽石唱片公司第一張推出的純音樂大碟。

Lions

Lions 是本地唱片公司文志旗下的樂隊。早期的文志唱片公司以出版純音樂大碟和潮劇音樂為主，多發行到星馬等地。六十年代出版過專輯《The A-Go-Go from River Kwai》，由文就波的樂隊改編多首電影名曲作跳舞音樂，包括《獨行俠》、《桂河橋》等等，這張唱片甚受歡迎，印量頗多，到今天仍可偶然在黑膠唱片二手市場找到。到七十年代初，文志為剛出道不久的徐小鳳出版唱片而廣為樂迷所認識。

Lions 屬於冷門組合，知名度不高，他們的唱片在市場上比較少見，估計當時文志眼見香港興起樂隊熱潮，遂以試驗性質找來 Lions 推出專輯，所以印量不多。樂隊名字 Lions 取自獅子的勇敢象徵。Lions 的隊員包括 Tommy Or（主音結他 / 主音）、Dennies Lim（結他 / 主音）、William Ma（低音結他 / 主音）、Franky Lo（鼓 / 主音）。

文志為 Lions 推出過細碟和大碟，由文就波先生監製，碟名同樣稱為《Hit the Hits》。細碟的歌都一拼收錄在大碟中，共有十二首作品，全部都是外國歌手或樂隊的作品，當中有七首是純音樂演奏。純音樂作品中包括 The Beatles 的〈Yesterday〉、鐵金剛電影音樂〈Dr No〉等等，至於演唱的作品包括 The American Breed 的〈Bend Me Shape Me〉、The Searchers 的〈Take Me For What I'm Worth〉等等，雖然唱腔有點幼嫩，但這種未經修飾、粗糙的聲音正正是六十年代 band sound 特色之一。

六十年代的唱片，除了 EMI，大部分都沒有印上出版年份。我們由 Lions 選唱的歌曲推算，這張大碟應是 1968 至 69 年推出。及後 Lions 沒有再推出其他唱片，相信是隨着七十年代大氣候轉變而解散了。◎

LP Lions

Hit the Hits

年份不詳 | Lions 僅推出過一張大碟，此後未見其他作品出現。

Side A
1. Bend Me, Shape Me
2. Yesterday
3. Take Me For What I'm Worth
4. To Sir With Love
5. Mighty Quinn
6. San Francisco

Side B
1. Dr. No
2. All Night Girl
3. Five Hundred Miles
4. Baby Now That I've Found You
5. Summer Rain
6. Walk Away

Bar Six

Bar Six 的成員包括有 Willie Fung（馮偉林）、Louis Sun、Sam Au Yeung、Nelson Chang 和 David Lau。Bar Six 早期的隊員還有岑南羚，而許冠傑亦曾經是他們的成員，並在總統酒店的 Firecracker 酒吧獻唱。Bar Six 簽約 EMI 後只出版過兩張單曲唱片，分別是 1966 年推出的《Gloria b/w (Well) You Can》和 1967 年的《It's Her Loving b/w Don't You Cry》。馮偉林（威利）在七十年代組成威鎮樂隊，他唱過不少受歡迎的粵語流行曲，包括有廣告歌〈陽光空氣〉、〈落葉季節〉和電視劇《獵鷹》的主題曲〈胸懷大志〉等等。

SINGLE **Bar Six**

Gloria b/w (Well) You Can (CHK-1017)

(Well) You Can 是六十年代香港著名 DJ Darryl Patton 的作品。

D'Elements

Solo Wong 黃文碩是本港著名民歌手，也是電台播音員黃志恆的弟弟，1967 年參加《星島晚報》舉辦的全港公開業餘歌唱比賽，以一首〈Green Black Dollars〉得獨唱組別第一名。D'Elements 的成員包括有主音 Zuro Wong（即 Solo Wong）、Stephen Wu（主音結他）、So So（鼓）、Eddy Leung（琴鍵）和 Tommy Polin（低音結他）。1968 年 D'Elements 在 EMI 旗下推出細碟，收錄了他們的得獎原創曲 Hand in Hand [2]。他們在 1976 推出過一張同名英文大碟，後來更以中文名原素樂隊灌錄過一些廣東歌，包括有《奮鬥歌》和《趁放假要去開心》。

---

2. Hand in Hand b/w Mr. Personality Man（CHK1033）

LP **D'Elements**

The Elements (PHLP7619)

Side A
1. Play That Funky Music
2. Don't Go Breaking My Heart
3. My Sweet Rosalie
4. Are You Ready
5. Since I Met You, There's No Magic
6. In The Morning

Side B
1. You To Me Are Everything
2. Neither One Of Us
3. Shake, Shake, Shake, Shake Your Booty
4. Put Your Head One My Shoulder
5. Touch Me In The Morning/The Way We Were

D'Sharps

D'Sharps 是六十年代本地的菲律賓樂隊，成員包括 Eddie Liga（樂隊領班）、Lito Salas（結他）、Andy Celerio（結他）、Leslie Montesena（鼓）和 Josie Delmar（主音）。正如其他菲籍職業樂隊，D'Sharps 擅長不同類型的音樂類型，例如流行曲、爵士樂、甚至乎拉丁音樂。女主音 Josie Delmar 由六十年代一直唱到八十年代，有菲島歌后的美譽。後期的 Josie 在尖沙嘴的 Grammy's Lounge 演出。

EP D'Sharps

**To Sir With Love b/w
San Franciso
(Man Lee Record MLE-101)**

Side A
1. To Sir With Love
2. Shakin' All Over
Side B
1. San Francisco
2. You Don't Have To Say Love Me

D'Starlights

D'Starlights 是菲律賓人樂隊，最初替女歌手 Baby Aguilar 伴奏。1967 年，EMI 在香港替他們推出第一張細碟《Out Of My Head》。跟據唱片封套背面的資料，D'Starlights 的成員包括有 Amado Castro（色士風）、Rolando Villamil（琴鍵）、Edgardo Bina Ling Bing（Eddie Bing）（低音結他 / 小號）、Rico Infante（結他）和 Delfin "Boy" Contreras（鼓 / 主音）。D'Starlights 其後在新加坡的發展更為理想，他們加入銅管樂器和琴鍵令樂隊風格鮮明，為當年新加坡樂壇帶來了新的景象。

EP D'Starlights

**Starlights – Out Of My Head
(ECHK-512)**

Side A
1. Out of My Head
2. You Ain't Worrying Me
Side B
1. Surf Beat

單曲 You Ain't Worry Me 是成員 Eddie Bing 的作品。

The Hi-Jacks

The Hi-Jacks 是六十年代初組成的菲律賓樂隊，
他們起初是人稱菲律賓貓王（Filipino Elvis）的
歌手 Eddie Mesa 的伴奏樂隊。The Hi-Jacks 的
成員有多次變動，基本的隊員包括 Rudy Jereza
（低音結他）、Nonoy Bayot （主音）、Ben
Tesoro（結他 / 主音）、Jesse Manahan（琴鍵）
和 Dado Amores （鼓）。陳欣健在一篇訪問中
說過，當年他的樂隊 Astro-Notes 在 Bay Side
演出時，曾經有一隊菲律賓樂隊指導過他們唱和
音，那正是 The Hi-Jacks[3]。

---

3. 見《top》，1992 年 3 月，頁 43。

SINGLE **The Hi-Jacks**

**Pa Pa Ou Mau Mau b/w
The Monkey Time (D231)**

Pa Pa Ou Mau Mau （原寫為
Papa-Oom-Mow-Mow）是組合
The Rivingtons 的作品，曾被多
次翻唱，當中包括 The Beach
Boys，還有 Robert Lee 的
Thunderbirds 也曾以這曲參加比
賽和推出唱片。

Doris Hardoon

六十年代女歌手 Doris Hardoon 擁有猶太裔的血
統，經常在《Star Show》（青年節目）和《歡樂
今宵》節目中演出。Doris 灌錄過的作品不多，
她在 Crown Records 旗下推出過一張細碟，翻唱
搖滾音樂劇《Hair》中的〈Easy To Be Hard〉。
1970 年麗風唱片的 Second Folk Record 亦收錄
了她演繹 Joni Mitchell 的〈Conversations〉。
現在的 Doris Hardoon 從事藝術設計方面的工
作。

EP **Doris Hardoon**

**Easy To Be Hard
(ESEP-4003)**

Side A	Side B
1. Easy To Be Hard	1. Good Time Music
2. Girls Song	2. Friendse

這張唱片的監製便是 Noel
Quinlan （陸崑崙），Noel
Quinlan 在九十年代推出一系列龍
謠的音樂專輯而廣為音響發燒友
所認識。

Giancarlo & His Italian Combo

Giancarlo & His Italian Combo[4] 是來自意大利米蘭的職業樂隊，1957年開始在香港的夜總會演出，包括 Gaslight 和百樂門等等。骨幹成員包括有 Giancarolo（色士風 / 單簧管）、Giorgio Poggi（鼓）、Mario Luciano（鋼琴）和 Vittorio Luciano（低音大提琴）。Giancarlo & His Italian Combo 在鑽石唱片公司旗下推出過幾張細碟，

有趣的是他們灌錄的〈Al Di La〉在 1962 年 9 月登上香港的流行榜第二位，而第一位竟然也是〈Al Di La〉，不過卻是 Emilio Pericoli 的原裝版本[5]。

---

4. 樂隊成員的資料參考自 1965 年出版的《Young Hong Kong》No.3 Vo.6。
5. 參考 1962 年 9 月 15 日的《Billboard Music Week》。

SINGLE Giancarlo & His Italian Combo

Tintarella Di Luna b/w PEPE - from the film PEPE (D86)

Giancarlo & His Italian Combo 版本的 PEPE 在當年的電台有不俗的播放率。

Al Di La b/w Venti Quatromila Baci (D150)

六十年代女歌手江玲亦曾經灌錄過 Al Di La 這首歌。

Pepito Cha Cha b/w Perfidia Twist (D151)

Los Machucambos 的 Pepito Cha Cha 是六十年代初大熱的跳舞歌曲。

The Nautics

The Nautics 的成員包括有 Robin Chiu（主音）、Johnnie Wong（主音結他）、Ronald Tsang（低音結他）、Anthony Chao（和音結他）和 Victor Roza-Pereria（鼓）。The Nautics 參加《星報》主辦的 Talent Quest 奪得殿軍，並和同屆季軍組合 The Thunderbirds 一起推出過一張細碟。1968 年，The Nautics 終於有機會在 EMI 旗下發行他們自己的細碟，收錄了單曲〈Big Little Woman〉和〈Yes, They Will〉。

SINGLE **The Nautics**

Big Little Woman b/w Yes, They Will (CHK-1026)

The Nautics 的情歌〈Yes, They Will〉令人印象深刻，筆者曾在 YouTube 找到他們於 2009 年在加拿大一個派對上再次演繹這首動聽的作品。

The Living Set

The Living Set 是鑽石唱片公司比較後期的樂隊，成員包括有 Ronald Leong（主音／鼓）和 Brian Leong（主音／低音結他）兩兄弟，另外兩位分別是 Kenneth Chiu（琴鍵）和 Tommy Chan（主音結他）。The Living Set 曾經在《星報》主辦的 Talent Quest 中，憑演唱 The Beatles 的〈When I Am Sixty Four〉得到季軍。The Living Set 只出版過一張細碟，包括單曲〈Rainy Days〉和〈Follow Me Follow〉。

SINGLE **The Living Set**

Rainy Day b/w Follow Me Follow (D285)

〈Follow Me Follow〉的原唱者是英國組合 The Idle Race，主唱和作曲者就是後來組成 Electric Light Orchestra （ELO）的 Jeffrey Lynne。

Sum Sum & The Bumble Bees

原名黎小斌的森森（Sum Sum），在 1966 年和妹妹黎小雯（藝名彬彬 Bun Bun，後來改稱斑斑）組成 Bumble Bees，成員包括 Sum Sum（主音）、Bun Bun（琴鍵）、Peter Tsang（主音結他）、Tony Lee（和弦結他）、Norman Tsang（低音結他）和 Johnson Chan（鼓）。嚴格來說，Sum Sum and The Bumble Bees 並沒有正式推出過唱片，只曾跟陳欣健合作灌錄過六十年代交通安全會的宣傳歌〈金石良言〉。Sum Sum 和 The Bumbles Bees 的合作只維持了很短的時間，1969 年森森兩姊妹以 Sum Sum & Bun Bun 的名義推出過細碟，收錄〈Chitty Chitty Bang Bang〉和〈Doll On A Music Box & Truly Scrumptious〉。

SINGLE **Sum Sum & The Bumble Bees**

A Wise Warning（金石良言）

Sum Sum and The Bumble Bees 唯一一張有份參與的唱片。

SINGLE **Sum Sum & Bun Bun**

Chitty Chitty Bang Bang b/w Doll On A Music Box & Truly Scrumptious (CHK1050)

以 Sum Sum & Bun Bun 名義推出的細碟；Chitty Chitty Bang Bang 是 1968 年的同名電影（中譯：《飛天萬能車》）的主題曲。

The King Star Echo

The King Star Echo 是來自泰國的樂隊，成員包括有 Tony Jinpinpetch（主音）、Komethorn Vajana（低音結他）、Vorapoch Ruannark（主音結他）、Benny Suthum Tamkamol（和弦結他）和 Addie Chucheep Thongyam（鼓）。1966 年他們在香港推出大碟《Caro A Go Go》，演繹的十二首作品有三份之二是純音樂，只有四首歌有開腔演唱，音樂風格整體來說比較粗糙。The King Star Echo 這張唱片在香港本是冷門之選，意想不到近年卻有外國小型唱片公司復刻這張唱片在網上出售。

LP **The King Star Echo**

Caro A-Go-Go (Caro Records CL-1)

Side A	Side B
1. Poo Yai Lee	1. Bumble Bee
2. The Fugitive	2. Love Portion
3. Krai Nor	3. Tears
4. Flying Bird	4. Speedy Gonzales
5. Peter Gunn	5. You Really Got Me
6. The Cruel Sea	6. I Can't Get No

The King Star Echo 很有可能是唯一一隊曾在香港推出唱片的泰國樂隊。

Darryl Patton

Darryl Patton 在英格蘭出生，由於任職皇家空軍的父親派駐香港，畢業後的 Darryl Patton 便跟隨家人一同到港，並覓得電台的工作。Darryl 除了主持音樂節目之外，亦有旁述足球比賽。Darryl Patton 只在鑽石唱片出版過一張細碟，伴奏的是 Teddy Robin & The Playboys。他本身亦是創作人，在六十年代和 EMI 合作為她們旗下的樂手樂隊作曲，Irene Ryder、Marilyn Palmer、The Reynettes 等等都曾經唱過 Darryl 的作品。七十年代，Darryl Patton 移居印尼，在當地先後開設多間酒吧和 Night Club。

SINGLE **Darryl Patton**

Listen b/w
He May Say (D248)

Diamond 請電台 DJ 和旗下樂隊合作出唱片是相當聰明的策略。

TRACK 37

Tony Myatt

Tony Myatt 在商業電台主持過《Tony O Show》，深受年青人歡迎，屬最早在鑽石唱片公司推出唱片的 DJ，他最紅的作品要算是和 The Fabulous Echoes 合作的單曲〈Everybody Knows〉。據 Fabulous Echoes 大碟《Zoom》封套背面的介紹，Tony Myatt 和該隊隊員份屬好友，在未當上全職電台 DJ 時，已經和他們走在一起唱歌了。約七十年代 Tony Myatt 離開香港到英國，之後在英國 Capital Radio 和 BBC 主持節目。

SINGLE **Tony Myatt**

**Everybody Knows b/w
I Betcha Gonna Like It (D223)**

〈Everybody Knows〉是 Tony Myatt 最 hit 的一首單曲。

**I'm On The Outside Looking In
b/w Runaround (D230)**

〈I'm On the Outside Looking In〉是翻唱自美國組合 Little Anthony and the Imperials 於 1964 年的熱門作品。

EP **Tony Myatt**

**Cupid b/w Danny Boy
(EM CHK-1015)**

在 Diamond 推出過幾張唱片之後，Tony Myatt 過檔 EMI 灌錄了這張細碟。

**Tony Myatt Vo.1
(DEP012)**

Side A
1. Crazy
2. Get Out of My Sight

Side B
1. Oh, Carol
2. Mean Woman Blues

其中一張極罕見的 Tony Myatt EP。

Tony Orchez

曾經是商業電台 DJ 的 Tony Orchez 在鑽石唱片公司推出過一張甚受歡迎的細碟，翻唱電影《鐵金剛勇闖皇家賭場》（*Casino Royale*）的主題曲〈The Look of Love〉，並找來 Danny Diaz & The Checkmates 為他伴奏。Tony 的聲音酷似美國歌手 Johnny Mathis，所以有香港 Johnny Mathis 的美譽。

不知道 Tony Orchez 對鐵金剛是否情有獨鍾，1974 年他參與了黃楓執導的電影《鐵金剛大破紫陽觀》（*Stoner*）的配樂。八十年代，Tony Orchez 移居美國。1990 年，他推出專輯《Somewhere in Time / True Love》，重新演繹 15 首英文金曲。

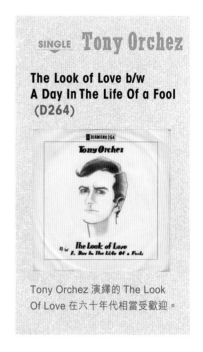

SINGLE **Tony Orchez**

The Look of Love b/w A Day In The Life Of a Fool (D264)

Tony Orchez 演繹的 The Look Of Love 在六十年代相當受歡迎。

Mike Souza

擁有西班牙和葡萄牙血統的 Mike Souza，就讀喇沙書院，學生時代和 Anders Nelsson 等組成著名樂隊 The Kontinentals。1966 年加入商業電台當 DJ，是音樂節目《Young Beat》的其中一名主持。Mike Souza 對英美流行樂壇甚有觸覺，主持的節目深受年青人歡迎。 Mike Souza 在 1969 年於鑽石唱片公司推出過一張細碟，翻唱 Mama Cass（即 The Mamas & The Papas 的主音 Cass Elliot）的〈It's Getting Better〉。

SINGLE **Mike Souza**

It's Getting Better b/w Galveston (D284)

Mike Souza 甚有音樂品味，會在節目中介紹一些比較冷門的外國音樂。

Chapter.6

訪 問

細說香港流行樂壇前傳

訪 馮添枝

RICKY FUNG

> **" 這群 Baby boomers（戰後嬰兒潮世代）構成香港日後發展 Canton pop 的基礎，他們從多方面摸索，1965 年出現了 Teddy Robin & The Playboys 的〈Lies〉，啟發了大家，原來本地樂隊也可以有這麼多人擁戴，歌迷的尖叫聲就如外國一樣。"**

受訪者　　馮添枝先生，BBS　現為國際唱片業協會（香港會）有限公司（IFPI）總裁，
　　　　　　當時為 The Mystics 結他手
訪問日期　2014-11-11

可否談談六十年代香港樂隊潮流的興起？
這股熱潮又因何衰落？

我覺得音樂本身是人類天生就有的一種條件，人很自然就會享受音樂、製造音樂。過程中，音樂日趨複雜化，亦因複雜化，製造出許多不同的音樂享受。有許多嚴肅的音樂，例如鋼琴演奏，要長時間練習才能達到一定水平，這是演奏。但創作不一定要走這條路，創作是發自內心的。

我記得小時候看過一齣電影《Never On Sunday》[1]，當中有一群樂師不懂得看樂譜，但他們自小就懂得玩樂器，因為這是自發的。有次這班樂師被人嘲笑不懂得看樂譜，悶悶不樂，於是不肯出來演奏。後來有一個人跟他們說一個故事，來安慰他們：樹上的小鳥唱得很好，有拍有和，但也不懂看樂譜；那麼你們為何不再玩音樂呢？這是你們與生俱來的一種能力。

這個故事我一直記在心中，很有啟發性，因為當時大多數的年青人，家中並不富有，買不起鋼琴。但這世界潮流就是這樣來的，無論是從正式學府或是「紅褲子」的音樂，再轉到這群（年青）人的手中；這體驗是在五十年代後期，應該是從 Elvis Presley 最先（帶來衝擊），因為那些 Country Music 很簡單，僅四、五種樂器（就可演奏），但仍沒能充份體現出來，直到 The Beatles 出現。他們四人有否受過嚴肅的音樂訓練呢？可能有，因為 Paul McCartney 出身自音樂世家，但在大家心目中，他們並不是會彈八級鋼琴的那一種人。

由 幾 支 樂 隊， 包 括 Ventures、Shadows、Beatles 等等，帶動起世界潮流。這世界潮流就是自學、簡單、聽唱片就是你的老師，讓（正統音樂以外

---

1. 《Never On Sunday》（中譯：痴漢嬌娃），是一部 1960 年的希臘電影。

的）另一群人走了出來。正統音樂訓練是好的，因為可以給你一個很充足的背景，讓你可以爬高一步，也能看懂很多樂譜，從中學習別人的東西。但最基本的音樂，其實是發自內心的聲音。

從此開始，全球受到啟發。有一首歌〈Apache〉，是英國樂隊 Shadows 的首本名曲，他們從這首歌開始才從 Cliff Richard 的後面走出來，變成一個獨立的樂隊。〈Apache〉這首歌，在外國評價為 "the song that launched a thousand guitarists"，這典故從何而來？就是源自一句 "Face that launched a thousand ships"，這個 face 即 Helen of Troy[2]。但那首歌是 launched a thousand guitarist，當中的 thousand 並不是「一千」，而是成千上萬，很多的 guitarist，我就是其中的一個。

〈Apache〉這首歌，啟發了我們對結他的興趣。這也告訴我們，戰後出生的一群，是在低潮社會重整而開始的，是從最低的位置走向上，這個 upward mobility（上進心）驅使我們去自學自識很多東西，很多人也自創很多東西出來，而不僅僅限於音樂。

這個 generation 很充實，從無到有，我們是從不懂音樂到喜歡音樂，乃至組成樂隊，這萌芽了香港（的樂壇）。1963 年，我們的前人如 Kontinentals（即 Anders Nelsson 的樂隊）、Ray Cordeiro 的 Satellites，以及看到香港有一隊 Fabulous Echoes，這些樂隊啟發了我們，原來香港也是可以參與在這世界潮流之中，本地也可以玩這件事情。我們開始接觸結他，之後組 Band，彈「結他歌」，例如 Ventures 那些，初初是沒有人唱歌的。我們沒有學過，但就可以玩音樂，「玩下玩下」就學識了，很有趣，這是自學的。

這群 Baby boomers（戰後嬰兒潮世代）構成香港日後發展 Canton pop（粵語流行音樂）的基礎，整個 pool of talent 的 basis，而我畢生也再沒有離開過音樂事業。這群 Baby boomers 從多方面摸索，1965 年出現了 Teddy Robin & The Playboys 的〈Lies〉，也啟發了大家，原來本地樂隊可以有這麼多人擁戴，歌迷的尖叫聲就如外國一樣。

---

2. Face that launched a thousand ships 是一句諺語，指特洛伊戰爭就是因海倫的美貌而起，現在用來形容美麗的女性。

3. Da Silva 全名是 Ren Da Silva。鑽石唱片公司後來由她的女兒 Frances Silva-Kirk 接掌。同樣是葡籍的 Lal Dayaram 則是鑽石唱片公司的經理。

Teddy Robin & The Playboys 在 1965 年推出細碟歌〈Lies〉，大獲成功，引發了香港樂隊熱潮。

1966 年初，鑽石唱片公司大舉簽了香港九成的樂隊。當時 Diamond 是本地的唱片公司，由一位葡國人 Da Silva[3] 所開設，初期只是引入外國唱片。因為老闆 Da Silva 年紀老邁，希望把公司交由兒子 Leo Da Silva 打理，接管家族生意。問題是 Leo 正在外國讀書，尚未回港，所以便將權力下放予公司中一位主管 Lal Dayaram，他從 Ray Cordeiro 口中知道有一支樂隊 Teddy Robin & The Playboys，之後 approach 他們。在推出了細碟《Lies》之後，他很振奮，兩個月之內簽了香港九成的樂隊，他的生意頭腦很好。

以 Lal 為首，Teddy Robin 帶動出來的樂隊，我記得有近四、五隊，包括：
Teddy Robin 的 Playboys；
Samuel Hui（許冠傑）的 The Lotus；
Joe Junior 的 The Side-Effects；
陳任的 The Menace；以及
當時我加入了一支葡國人樂隊 The Mystics。

之後 Diamond 唱片公司一直簽下去，包括許多外語的 DJ，也有男女歌手，簽了很多，有已故的 Tony Orchez，他最近剛剛過身。但這潮流從 1966 年起，

至 1968 年的 Battle of the Sounds（利惠聲戰）音樂比賽便作了總結。

剛才漏提了 Danny Diaz and The Checkmates。當時香港華洋雜處，Mystics 的成員是比較國際化的，而 Danny Diaz & The Checkmates 的成員則是菲律賓後裔。華人為主的則有 Teddy Robin & The Playboys、Menace 等等。

Battle of the Sounds 好像是 Levi's 主辦的，決賽在香港會球場舉行。首次全部都是 recording artist（出唱片的歌手）參加，取得冠軍的就是 Danny Diaz & The Checkmates。（作者按：並非所有「利惠聲戰」的參賽樂隊也出過唱片，但佔了大部分都是。）

回頭看，當時整個社會（對樂隊潮流）的熱切程度，是以 Battle of the Sounds 作為結束。大會承諾帶冠軍樂隊去英國發展，但這畢竟只是一個 advertising campaign。Danny Diaz & The Checkmates 去了英國之後並未取得成功，之後就回到香港。回頭看，這就像是一場夢。

回看六十年代的樂隊潮流，對日後香港樂壇的發展有何影響？

我們看到音樂是一個潮流，每幾年就換一個世代。像我相差四年的哥哥就會被弟妹排斥，你喜歡的東西他們卻不喜歡。之後就換成《今天不回家》的「台灣風」，這一轉變，加上我們這些中學生開始就業、找工作，許多樂隊因而解散，很多成員也從此轉了行。

這種熾熱如何延續呢？為何會有 Canton Pop 的出現呢？這是可以追溯至鑽石唱片公司的。他們在 1968 年才開始發展成熟，而許多樂隊已經發展得很熾熱，我們 Mystics 雖然只是學生，但每星期都會巡迴演出。而唱片銷量也高，都是新出品。當時 Lal Dayaram 請了鄭東漢先生，他從 1968 年成為唱片監製，還有 William Kwan、Teddy Robin 等協助；但好景不常，1969 年潮流開始轉變。

因為香港樂壇的熾熱，吸引了跨國音樂公司來港投資，開了一間「寶麗多」（Polydor），那是德國西門子旗下一個唱片部子公司，他們收購了 Diamond，買了公司便包含所有藝人。這是在 1969 年底簽約的。當時鄭東漢在 Diamond 工作，知道這間國際公司會有機會「發圍」，始終本地的唱片公司比較是家族式經營，後人無興趣接棒從而轉行的也時有發生。1970 年，鄭東漢就找了我，當時我正在香港大會堂上班，5 月 1 日正式加盟 Polydor 成為監製。當時我很清楚，這是一個挑戰，也是一個學習，亦都是尾聲。我用了六

有別於鑽石唱片公司的市場方針，風行唱片公司較多出版粵語歌曲的唱片，圖為鄭君綿、梅欣、俞明及西瓜刨合作的《四傻狂想曲》。

至八個月時間，學了許多東西，知道並不是玩的，因為做生意不是遊戲，超出經費預算、逾期未能交貨、創作水平未達，都是不行的。但也要認命，在那六至八個月之後，決定了本地樂隊不能再出唱片，因為這已經沒有市場，已經被「台灣風」所打垮。

當時許多樂隊也浮了出來，例如許冠傑在港大升學，而他在港大樓下的一間餐廳扒房，逢星期二出來演唱，一個人，one man band。我也去聽過，一把結他就能延續他的演出。大學這幾年訓練了他的一個人獨自表演，不必靠樂隊，他的民歌與搖滾樂都很出色，這些人我們都認識。1972 年，鄭東漢和我確立了兩件事：一是作為國際公司，會有機會看到全球公司的發展方向；第二是他專誠跟我說的，就是日本有 78% 歌曲為日本本地語言，不相信香港本地歌曲沒有機會「發圍」。六十年代的樂隊，全部都是英文歌，粵語歌是有的，但不是我們做。我們這一群洋琴鬼，是不喜歡「牛車水文化」的。有是有，是由其他公司做，例如「風行」，歌手有鄭錦昌。其實他們那一套很入市，只是我們沒有人識。我們的 belief system（信念系統），不允許我們學那麼多東西，我們 believe 我們那一套是對的，創作人就是如此。

其實當時的香港唱片，大多數是改編歌曲，原創不多。那一年後，當時我們已經有自己的錄音室，也想重新看看該從哪裏開始。我們始終想着六十年代末最有魅力的那一位男歌手，是一個不作聲、整天坐着不說話、整天坐着自己思考的人，他就是許冠傑。

許冠傑當時簽了風行唱片公司，推出英文歌唱片。當時英文歌是潮流，我們也覺得香港的作曲能力未達一定水平，還未可以做出一張唱片是完全沒有英文歌或外文歌改編的。我們簽了許冠傑後，試了三、四張唱片也是英文的。當中最鼓舞我們的，是歷史之中的一個好意頭，當時有一齣電影《The Poseidon Adventure》（海神號遇險記），是講沉船的故事，當中有一首歌，我們意識到大家會有反應，但當時尚未流行，因為香港沒有這唱片賣。我們便拿了這首歌的 cover version 許可，將之改成中文名作宣傳，由許冠傑主唱。這首歌叫〈The Morning After〉，喻意黑暗中黎明來了，結果這首歌「大爆」，我們便知道走對了路，隨即推出許冠傑的英文大碟。

於七十年代初作個人發展的許冠傑，
日後成為香港粵語流行樂壇不可或缺的人物。

我們雄心萬丈，就去找其他歌手，當時
找到了 Pato Leung（梁柏濤）這個人，
他很喜歡在樂壇新秀之間來往的，他便
介紹了兩個藝人給我們，我們都簽了，
很開心。一是溫拿樂隊，二是陳秋霞，
再加上許冠傑，這三個成員奠定了寶麗
多唱片公司的基本班底。

鄭東漢也甚有遠見，指英文歌我們是有
了，但要繼續做下去，我們還要有一個
國語人。1973 年，我們透過中間人，
認識了一位女歌手，而這位女歌手已簽
了一間唱片公司，我們當時近不了身，
她便是鄧麗君。

但我們就是看到發展前景，我們借鏡日
本，他們 78% 是日本本地歌曲，我們
覺得他們的錄音、包裝、市場管理都比
香港超班許多，我們要學習日本技術。
1974 年我到日本，製作第一張在日本
錄音的寶麗多國語唱片，這是一個很大
膽的嘗試，因為本地與台灣的音樂製
作技術到此為止，但我們引入了日本的
高檔錄音、樂師演奏，並放在國語市場
圈，這是一個很新的感覺，於是，鄧麗
君在寶麗多的第一張唱片《再見我的愛
人》就此誕生。

現在我是講遠了，但正題上的故事是永
遠不會變的，那就是觀感的改變。因為
廣東歌歷久以來都是困難的，廣東話有
很多音是不能改的，雖然可以用副音來
唱，但改了少許音已經是另一回事。

問題是，我們要做廣東歌，必須先有一
個對象，而當時讀大學（港大）的人是
很少的，許冠傑畢業後，塑造了一個
「港大生畢業也唱廣東歌」的典範：你
學歷夠他高嗎？你不能說他文化不好，
他唱得很有個性，是代表了一代人。

令我們認為廣東歌有可為，是由一齣電
影帶出來的。當時許冠傑大學畢業，跟
他的哥哥去拍電影，擔當一個小角色，
唱了兩首歌：是〈愛你三百六十年〉，
另一首我忘記了[4]。這給我們很大鼓舞：
「番書仔」唱國語歌可以很有趣，跟台
灣的風格也不同。由此靈機一觸，之後
他參演第二齣戲，就唱了廣東歌，那就
是〈鬼馬雙星〉。這在當時是劃時代的

激盪，上天告訴我們：好歌、好的環境轉變，是上天送給你的，是人運、地運。

同時，TVB 冒出了顧嘉煇的〈啼笑因緣〉。這兩種廣東歌，一中一西，如同兩根支柱，撐起了整個廣東歌（市場）。

顧嘉煇先生是正式讀音樂的人，風格與許冠傑完全不同，許冠傑是玩結他長大。不過如此兩邊發展的化學作用是很好的。

當然，我們要說支柱就必須數填詞人，那就是黃霑。他的父親本身是唱粵曲的，他本人的中文修養也不錯，所以他是自己寫詞的。這一派的日後發展，你查一下就可以知道。現在講 Canton Pop 的 Pillar（支柱）是怎樣豎立起來的？就是如此。

黃霑的出現，使溫拿樂隊也唱廣東歌，陳秋霞也唱廣東歌。但背後形成這一音樂工業的，就是六十年代玩樂隊的一群，而且這一批人在七十年代幾乎都進入了唱片公司，更有擔任老闆級的。我、鄭東漢、陳任都是玩 Band 的。

我是寶麗多系統的。另外的一間 EMI 在五十年代已經在香港創立唱片公司，但所有運作都停留在錄音階段，發行都是由渣甸洋行做的。七十年代，EMI 看見寶麗多進軍香港，看見有歐洲對手到來，就立刻把一切拿回來做。百代（EMI）唱片公司在七十年代便與寶麗多一齊上。

當時的百代是怎樣呢？話說之前 Diamond 簽了九成的本土樂隊，而百代因為是洋人老闆，不同於鄭東漢，他們只簽了一部分，但也簽得很到位，簽了 D'Topnotes 及杜麗莎。當時在 EMI 做 A & R（Artist and Repertoire）[5]的，其實是從「麗風」過去，也是玩樂隊出身的，他就是黃啟光（K.K. Wong），他的樂隊名為 Master Sound，是玩 Jazz 的。

Sony 也有人代理，是一位趙先生，從日本取得代理後便在香港大展拳腳，於 1977 年正式進軍，新力香港開始簽香港歌手，出現了林志美那一種，更開了錄音室，主管是李添[6]，他也是樂隊出身，是 The Black Jacks 的結他手，即 Peter Ng 那支樂隊。

---

4. 這裏所指的電影為《綽頭狀元》（1974 年），片中許冠傑唱了國語歌〈愛你三百六十年〉和廣東歌〈一水隔天涯〉。

5. 在音樂業界中，A&R 是唱片公司的一個部門，負責發掘、訓練歌手或藝人。

6. 據手頭上 Black Jacks 的唱片及資料，未見李添的加入。有資深樂迷指出李添應為 Tony Lee，有跟 Black Jacks 的 Peter Ng 合作，但未有參與灌錄唱片。

我們可以看到唱片公司（對香港樂壇）的參與，除了商業運作之外，乘着科技的發展，也需要大批音樂人。所以七十年代，是很得心應手的。自 1973 年起，他們將香港市場作了翻天覆地的改變，另外也需要香港政府的支持。所以當時 IFPI 告訴政府，如果香港音樂要再作發展，必須肅清翻版。於是自 1973 至 1976 年，政府排山倒海地打擊翻版，然而也不是太奏效。直到之後將拘捕盜版的工作交予海關，於 1977 年驅逐了盜版的零售店市場。之前是由警察負責的，我就曾經親自陪同警察去拘捕盜版的。甚至當中有一些驚險的事發生過。

不過那已經是往事，我們是講正面的發展。正因肅清了盜版，所以吸引了其他的跨國公司到來香港設立分公司，亦因為投資進入香港，使香港成為音樂的創作及放放地。因為在那時代之後，其他地區仍有盜版，但香港已經近乎沒有了。

還有三件事，使香港（的流行樂壇）得以乘着地運而急促上升：

第一、1979 年亞洲的 broadcasting hub（廣播樞紐），Asia Sat（亞洲衛星）第一個上了去。
第二、TVB 及 ATV 大量開發本地的電視劇製作，成功製造潮流出來；那就是電視劇主題曲。
第三、中國市場在 1979 年開始開放，同時台灣市場自美國脫離之後亦開始開放。

這給了香港一個出路，由於沒有了盜版，於是外國唱片公司皆來香港開設東南亞總部及唱片公司（非廣播），如 CBS SONY、華納及八十年代中期的 BMG。

BMG 約在 1983 至 1984 年開的，而華納是 1979 年開設。Sony 則從趙先生的管理，變成 Sony 自己直接管理。由此可見，一個市場只要有良好的法紀，以及 Pirate Free（沒有盜版），所有投資都會進去。所以香港可謂享受了 14 年的無阻礙發展。這使香港在整個亞洲市場之中是執牛耳的，所有的歌手，就算去到韓國也很受歡迎。我曾親自帶溫拿到泰國演出，當地的受歡迎度可謂盛況空前。就是因為透過香港的唱片、香港的電視劇、香港的電影，才能發展到那麼遠，這是有一系列關係的。

問題是：你有市場，但你要有本銷才行。外銷是在你做好之後，再額外賣到外面。為什麼當時香港的地運那麼好呢？是因為遇上了三個超級世紀機會：

一、大陸市場開放。
二、科技發展出 CD 這載體。自 1984 年 CD 誕生後，將香港建立於 1973 至 1983 年的所有勁歌，全都重新再賣一次，而且還要比黑膠唱片貴上一倍多。
三、還有一個驚天大商機，就是卡拉 OK 的出現。幾百元一張卡拉 OK 碟，

好賺到暈。

當年我加入寶麗多時，是一個幾百萬的營銷市場；及至 1989 年，變成了 27 億營銷、10 億海外收入，光是卡拉 OK 已經佔了 6 億。當時有八大拆家，現在全都沒有了。當時九大卡拉 OK，現在只剩一兩間，都已經被集中了。而且現在的商業模式，亦已經不是卡拉 OK（作主導了）。

話說回來，我們有「一 pool 的 talent」，也有外國的科技與市場可以效法；有文人出現，有好的創作，加上沒有盜版，然後所有向外發展的商機全部都具備，香港就成為了天之驕子。到了 1993 年，香港（唱片業）開始崩塌，那就是翻版重現。

謝謝你回顧了香港樂壇的發展。
回說當年你的樂隊。剛才提及，
你加入 Mystics 是經過 Diamond 的經理人介紹，是嗎？

是這樣子的，當時我與弟弟及一些同學組了一支樂隊，名為 Aquanauts，即「潛水人」。改這名字，是因為當時有一齣電視劇講潛水。另外岑南羚（Lanny Shum）也曾加入這支樂隊一段時間，擔任主音歌手。我們是業餘的，在學

校 Party 玩玩，完全是一份興趣。1966 年，我已經讀 Form 6 了，當時 Lal Dayaram 簽了 The Mystics，但那一群從澳門來的葡國仔（其實許多都是 1949 年從上海移居到香港的第二代），其中主音結他手 Francis da Costa 即將

Mystics 起初為「葡國仔」樂隊，及後馮添枝（圖右一）獲邀加入。

移民。為此，Lal 到處找人，而可能因為 Teddy 認識我，因着這重關係，Lal 便找上了我，叫我加盟。

當時我考慮了很久，覺得這是一個機會。之後正式加入，第一張唱片就大賣，當中其實是有一個秘史：Mystics 第一張細碟中的〈Send Her Back〉灌錄時，其實我還未加盟；細碟背面那一首〈What Makes You Run〉錄音時我才加入。〈Send Her Back〉的結他不是我彈的，彈奏的其實是鄭東漢，但鄭東漢只是當一個 session 的身份，因為他的結他彈得好，當時的歌手就叫他彈幾下。〈What Makes You Run〉才是我加盟 Mystics 的第一首歌。

之後我也有創作，〈Song of the Wind〉是按 Tony Tavares 的原稿作的，是共同創作。這首歌是 Mystics 自己的。

我的第一首原創歌曲，是 1970 年我擔任監製時送給 Joe Junior 的，歌與詞都是我寫，那一首就是〈But Now It's Over〉。

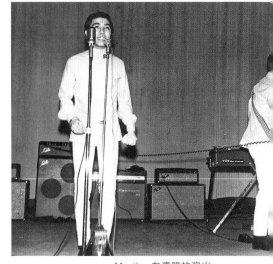

Mystics 在澳門的演出。

當年你簽唱片公司，是否很大件事？當時你只是學生。

我們（向家人）保證絕不會影響學業的。不過，保證是一回事，事實上心已經投進來了。

你家人有反對嗎？還在讀書卻跟唱片公司簽約？

也有掙扎，但家人是比較舊思想的，只要我不出街打架就行了。他們看見我與弟弟玩 Band，成了一種興趣，並沒有反對。這種保守而開放的態度，其實幫助了香港音樂的萌芽。只要不做「牛王仔」就行。

當年你學校會否很多同學夾 Band？

以我所知並不太多，只有一小撮人，其實同學多數是彈鋼琴的，彈結他是某位同學薰陶了我。我就讀中一時，一位姓郭的同學，他是有點飛仔型的，當時《Jail House Rock》[7] 的海報很吸引他，他就去通利琴行買了一支 Suzuki 的木結他回家玩，玩了一年多後，他覺得沒有興趣，便跟我說，他的結他不要了，要我買了它。我說沒有錢，他說不要緊，長命債長命還。當時通利代理結他，一支幾十元左右，我便以 36 元買了它，足足還了一年錢。但我當時不懂彈，也不會有錢請老師教，所以我每晚就專注在那六條弦線上，每當彈了「噹！」一聲便很滿足的上床睡覺。

我喜歡結他的聲音，就是這樣學結他，結果中三時買了一本英文的結他書，自己的英文水平不高，是查字典學的。

首先第一是學調音，第二是有一個三角的東西。但由於這好奇心，逼使我查字典也要學，並開始對音樂理論感到興趣。當時只是一知半解，但最重要的是 ear training，這很重要，只要你能聽得到然後懂得彈，就不必去學了。簡而言之，你聽一首歌便能分析出他彈了甚麼和弦，記得這首歌便成了。

再看 Mystics 有一首歌是很特別的，叫〈Sweet Soul Music〉，當中串燒了許多樂隊不同的歌曲，這是誰的想法呢？當時的唱片公司對你們擁有自己的創作，是否十分自豪？

論創作實在不敢當，當時我們實在不太懂得寫歌，寫得好一點便已經很滿足。當時寫歌比較多的是 Anders Nelsson，他不是 Diamond 陣營的，而是其他陣營的[8]。之後 Anders 也加盟了 Diamond，但這是另一個故事。

〈Sweet Soul Music〉是 Michael 很喜歡的一首歌，大家一起討論如何改編，結果採用了將不同歌曲放進去然後模仿別人翻唱的方式，原曲分成很多段來唱外國的流行曲，我們將之揉合，成了本地樂隊的（串燒）歌曲。

---

7. 《Jail House Rock》是貓王 Elvis Presley 於 1957 年主演的一齣電影。

8. Anders Nelsson 的樂隊 Kontinentals 簽了一間叫 Orbit Records 的唱片公司。

六十年代有一些夜總會，或是半島酒店、Bay Side 等等，你們有否長駐某些地方表演？

在 1967 至 1969 年之間，我們有去 Bay Side，於 Afternoon Tea Dance 時段表演。晚上店舖當然有 Professional Band，而多開一個 Afternoon Tea Dance 的時段，都是給曾出唱片的樂隊去客串。這些演出只有車馬費，台上也已經有樂器，我們拿來玩一玩，像是 Fans Club 的性質。

約 1969 至 1970 年，半島酒店開設 Disco，這是第一間，所以要找駐場樂隊，每星期表演兩晚，因此找了 Mystics。

當時 Mystics 是全香港，除了「賓 Band」之外，唯一玩 soul 音樂的，而非太着重英國式的流行曲。所以很適合半島酒店跳舞的型格。當時玩了一年多，之後升學，所以沒有再玩。

我們也知道，在 1965 至 1968 年間，香港開了很多酒吧，在灣仔及尖沙嘴請了許多樂隊，最著名有 Firecracker，位於當時 Hyatt Hotel 的地庫，我們也有去應徵，客串性質，一個月玩一晚，與其他樂隊輪流演出。後來我知道 Bar Six（威利那一隊）這支本地 Band 接了 Firecracker 長做。

當時我們客串得很開心，因為台下都是外國人，他們不管你是否香港仔，總之一有音樂就會跳舞，氣氛很奔放，我們也十分開心，錢反而是次要。

之後 Hilton 在頂樓及樓下也有樂隊駐場，Lotus 在那裏做了幾年駐場表演。後來灣仔有幾間 bar 很出名，我們親自去看，就有 Roman & The Four Steps 長駐。但 Mystics 不曾做過長駐，所謂長駐也只是一星期兩晚。

這些場合而言，因為當時美軍有第七艦隊經常靠岸，一有軍艦靠岸，酒吧就立即全部滿座。亦因此，很多樂隊有機會客串，但僅是客串，並不是全職。當時有這些條件才能運作，若非第七艦隊放假，當時便不會有這樣的音樂市場，因為本地人並不喜歡去酒吧。

Mystics 在 60 年代的所有樂隊之中，是唯一玩 Soul 音樂的，其實為什麼會走這樣的風格？這是誰的想法呢？

嚴格而言，在香港玩 Soul 的還有其他樂隊，例如菲律賓的樂隊會接觸，D'Topnotes 中 Christine Samson 的家族也有唱，The Blue Star Sisters 也有演繹。但就我們的組合而言，我們的靈魂是兩個人，主要是 Michael Remedios，他作為主音歌手，是一位很有天份的歌手，有獨特的聲底，自小就受美國黑人音樂薰陶，他們口中的一些人物是我聞所未聞的。所以當我進入 Mystics 時，這些都要惡補，聽一堆自己本來不喜歡的歌，怎料聽着聽着便喜歡上了，如 Temptations 那些。Mahalia Jackson 和 Ella Fitzgerald 這兩位歌手，是很影響 Michael Remedios 的。他唱歌很有味道，時至今日仍然是。Michael Remedios 作為主音歌手，他帶領了樂隊的方向；還有 Tony Tavares，雖然本身只是鼓手，但他就是寫〈Send Her Back〉那位，他也很喜歡某一類型的音樂，跟香港流行的很不相同。

作為 Mystics 的靈魂人物兼主音，
Michael Remedios 才華洋溢，星味十足。

所以我有幸能參與這支樂隊，並非說 Mystics 很好，而是推動我去接觸一些從未接觸過的領域，拉闊了我對音樂的認知，幫助我日後擔任唱片監製，並取得成功。

做監製能成功，也有一個故事：那是因為失敗過。自 Diamond、寶麗多 Studio 等等都結束收場，其實我耿耿於懷：是否我做得太慢？或是我不懂得選歌？1972 年我擔任了國際部的選歌、派歌、入貨乃至灌碟的工作，記得當時每星期收到大約 40 至 50 張細碟，我便將之分門別類；我也負責派歌上台，我會列一張清單，寫下哪一首歌會紅，哪一首歌普普通通，都一一拿去嘗試。六個月之後，回顧之前作的預測，原來自己一直在進步，預測得越來越準。由於公司不允許虧本，初期我當監製時是測不準的，後來越測越準，差不多點石成金，所以公司變成寶麗金之後，他們也挽留我。

你知道為甚麼叫「寶麗金」嗎？Polydor（寶麗多）是德國西門子旗下投資唱片的公司，在歐洲的音樂事業似乎很蓬勃；Philips（飛利浦）也是 Electronics Giant（電子業的巨人），他們投資的唱片公司，名叫 Phonogram，是包裝有聲物的意思，

簡言之就是唱片。這家公司投資在新加坡，或其他全球有利的市場。1979年時，兩家公司覺得不要讓大家失去了市場的認知，雖然大家並沒有 merge，但資源可以交換，具體我就不大清楚。

最後，Polydor 的名字取了前半，Phonogram 的名字取了後半，所以成了 Polygram。換句話說，假設全球有

15 間 Polydor、15 間 Phonogram，一下子變成了全球有 30 間 Polygram，就市場立足而言，層面大了很多。

回頭再看，在七十年代合併、互相收購的情況，造就全球七大唱片公司的開始，我們看見許多美國的牌子忽然不見了，就是被誰買去了。

當年你簽了 Diamond，他們有否給你很多表演機會？

當時是一份賣斷式的合約，他們支付250元來買一首歌，買斷之後沒有版稅分的。我們也不是全職，只是彈彈別人的 Party，基本上並不當作收入，可能只是用來存錢去買好一點的擴音器，而

且經常要坐的士，東西都是自己搬的。這影響了我們讀書的情緒，但也未嘗不可，因為我真的認識很多人，真的進入了這一行業，而且畢生的事業就是音樂。

回顧六十年代樂壇的歲月，有沒有很難忘的表演經歷？

其實很多表演經驗都很難忘。首先，是因為表演而認識我第一任妻子容敏瑜（Gloria Yung），那是一個女童軍的籌款晚會，當時有個女孩子，遞了一包飲品給我，令我對她產生印象。三個月後，有一位移民外國的朋友來我家玩，他懂得彈一點結他，並帶了他的表妹一起來，原來就是那個女孩子。她很好記性，過目不忘，跟我提起曾遞飲品給我，我便記得有這件事。之後便成了我

的第一任妻子。她是很能幹的人，也是我的英文老師。而我第二任妻子陳英亦是音樂圈內人士。

第二件事，就是首次感到壓力，那是 Battle of the Sounds，這是一場專業樂隊的比賽，我們將整支樂隊的名聲都擺上去，壓力很大。當時我們 Mystics 好像奪得了第二名[9]，第一名是 Danny Diaz & The Checkmates。

本書作者（左）跟馮添枝合照。

當年 Mystics 的其他隊員，你跟他們還有聯絡嗎？
他們是否仍在玩音樂？

其實沒有一個人脫離過音樂，雖然不一定是專業，但能喜歡上一件事，這是上天給我們的一份禮物。我們懂得欣賞音樂，不一定要去玩；懂得欣賞音樂、享受音樂，然後我們才能去玩，這能力也不會有一天失卻的。

Michael Remedios 及 Tony Tavares 都已經移民加拿大了，至今仍間中在當地作客串演出，部分甚至是有酬勞的。Francis da Costa 也在加拿大一起玩音樂。Francis da Costa 目前在加拿大參與兩支樂隊，其中一支我也有參與過，不過那純粹是玩票性質，在 Band 房中享受音樂。還有一位鼓手間中會來參與，他就是 Henrique Souza。

Mystics 在 Michael 離開後，曾經有一位歌手加入，他就是 Don Choi。Don Choi 現在於溫哥華亦經常客串演出，而且唱得很好，他當年在 Mystics 唱〈One Day〉的。

這正好體現出，音樂是深入人心的元素：
你要它的時候，它會在，好比忠實的朋友，不會離你而去。◎

9. The Mystics 在 Battle of the Sounds 得了季軍，亞軍是 Teddy Robin & The Playboys。

引領樂隊潮流走上高峰

訪 TEDDY ROBIN

“九十年代中，我拍峻電影《香江花月夜》後，做了很多訪問，
一次與一個年青人聊起，我照直說六十年代的事，他真的完全不知道，
以為我在吹牛。他不相信我口中所講的事，驚訝：「你們會是最受歡迎樂隊？」
我告訴他可以去查查唱片銷售紀錄，誰是最紅，是看賣得多與少，十分簡單。
當年我們運氣好，真的很紅。”

受訪者　　Teddy Robin，當時為 The Striplings 結他手及 Teddy Robin & The Playboys 主音
訪問日期　2014-11-18

**有關六十年代香港的樂隊潮流，
我們希望訪問多些當時的人，深入了解。
早前我們訪問了馮添枝先生，
他說當時有跟你合作過，能否說說當時的情況？**

可以。他是先認識我弟弟，然後再認識我的。其實他是我的師傅之一，那時我們都沒有師傅，他懂結他我不懂，所以便向他請教，好些東西都是從他身上學到的。我是「雜家弟子」，沒有拜過師，卻到處學習，這裏偷學一點、那裏偷學一點。所以 Ricky（馮添枝）肯定是我的師傅之一。這一點他不敢講，但我可以告訴你。

Norman（鄭東漢）當然也是（我的師傅），他是「武林高手」；他的師傅也是我的師傅，名叫陳調領，是一位印尼華僑。

我忘記了自己什麼時候開始夾 Band 參加比賽，但我是從未拿過第一名的。我有一個理論：這一類比賽，很成功的、最 Top 的那些往往拿不了第一名——在他們未被人賞識之前。

Playboys 本來是另一支樂隊（作者按：Playboys 因有樂隊成員離隊，遂找來 Teddy Robin 頂替，詳見本書第一章），我自己那隊名叫 Striplings。Striplings 在全港公開業餘歌唱比賽拿了第一名，但當時我不在陣中。其實 Playboys 在初賽、複賽中都是遙遙領先的。在 Playboys 我負責唱歌，不是彈結他。我在思考如何能夠兩全其美？可是他們著實很希望我幫忙，所以我便找來陳調領加入 Striplings，代替我的位置。當時我們還是孩子，是很希望得獎的，因此我索性轉過 Playboys 那邊唱歌了。

Striplings 的鼓手也兼任主音，他就是岑南羚。他的聲音很像貓王，參賽的那首歌〈Surrender〉唱得很好，聲線十分神似；他們的結他也很好，比初賽中的我還好，加上我兩個弟弟都在那邊，結果他們拿了第一，Playboys 得第二。

Playboys 之後「散 Band」，因為低音結他手 David[1] 和 Band Leader 都要到英國讀書，兩個主將離去，我們沒理由用別人的樂隊名字；但不用也有難處，因為全世界看到我們這班人就叫 Playboys 了。於是隊友提議不如在 Playboys 之前加上我的名字，反正我是主音歌手，Teddy Robin & The Playboys 的隊名由此誕生。

陳調領是空手道黑帶高手，他很厲害，可以一手將酒瓶劈開兩邊，當時他也要離開香港，聽說是回到印尼教軍人練拳，此後我也沒見過他了。他年紀比我們大得多，Norman 跟他學了幾個月結他，後來青出於藍，進步得很快。

Norman 以前的樂隊名叫 Unknowns，他們沒有參加過比賽，但當我認識他時，為之驚為天人。其實他們是岑南羚間接介紹給我認識的，因為他們沒有歌手，又覺得阿岑的聲音很像貓王，所以便請他客串，偶爾唱幾首歌。因此，岑南羚便帶我去認識 Norman。Norman 見我的聲音很特別，後來我倆就做了老友，變成不是 Norman 找我唱歌，而是倒過來，我找 Norman 來彈結他。

其實在 Norman 之前，我與 Ricky（馮添枝）也有玩過，替他們的樂隊唱歌。他也是彈結他的，那年代他彈得比我好得多，變成我在他身上偷師。我本身是不懂的，但在這裏偷一點，那裏偷一點。Ricky 跟我們很親近，因為他是我弟弟的老友，我也很自然跟他老友。他弟弟是打鼓的，他那一隊叫 Aquanauts，我有也跟他們玩過，但沒有正式加入。

當時 Playboys 有兩位主將離開，本來的五個人只剩下 Stanley、我及我弟弟 Raymond，可說是名存實亡。Striplings 這邊岑南羚也很忙，他進了新亞，不過仍跟着我們到處跑，白天上課，晚上表演，我們接的最長期工作就是在 Firecracker（炮仗吧）演出，但也只是一個月時間。

當時我們還未紅，仍是用 Striplings 之名，在 Firecracker 表演時陳調領仍然在陣，然後 Norman 來捧我們的場，因為跟 Norman 很老友，所以捉他上台玩，發現他更厲害，已經青出於藍。調領因為打功夫，雙手可能會有影響。他算是我們眾人的師傅，我教弟弟彈 Bass、彈 Chord，不行的話就請教調領。

我們沒有想到，可以那麼幸運遇到 Norman。Norman 當時在我眼中是全香港首屈一指的（結他手），沒有對手，因為那氣候才剛剛開始，很容易分

---

1. Playboys 前身是 Beatniks，是當中的低音結他手 David 提議改名為 Playboys。

Teddy Robin（左三）跟 Rikcy Fung（左二）十分老友，兩人曾在 School Party 合作演出。

辨誰好誰不好。我們以好不好聽為原則，Norman 的 Touch 很漂亮，我覺得他是當年的結他王。Ricky 也不錯，他對聲音很敏感，聲音調校得很漂亮，所以處理聲音的話，我們常常找 Ricky 幫忙。當時我們開始走紅，我可以很驕傲地說，我們是第一隊當紅的全中國人樂隊。比我們更早走紅的，總夾雜了一些外國人，例如比我們早出道的 Kontinentals， 即 Anders Nelsson 的樂隊，他們全是洋人。

為什麼我們會走紅呢？我想是因為早在參加比賽時，已經累積了很多 Fans，當時我們會到許多學校表演，最著名的有 Maryknoll、St. Mary 等。這是學校主動邀請的，很多樂隊也是這樣子開始，不斷累積 Fans。

Joe（Joe Jr.）可能比我更早玩（音樂）， 他在 Zoundcrackers 的時間很短，之後便轉了 Side-Effects。在我成名之前，已看見 Joe 與 Ricky Chan（陳家蓀）兩個人一起在夜總會表演，但只有他們兩個，算不上一支樂隊。他是我的前輩，我認識他的時候，他好像仍在 Zoundcrackers，他真的唱得很好聽。

在比賽中我們遇上了阿 Sam（許冠傑），他那一隊名叫 Harmonicks。我記得第一次聽 Sam 唱歌，就是唱〈Do Wah Diddy Diddy〉， 他唱得很像 Manfred Mann。當時大家都未紅，只是孩子，見了面就很容易成為老友，上台也是良性競爭。

到 Teddy Robin & The Playboys 玩了很多 Live Show 之後，開始有人對我們歡呼，嚇倒了我，第一次還以為自己忘記拉褲鍊，幸好沒事，才知道自己開始走紅了。

Stanley（右一）作為鼓手，
曾是 Teddy Robin & The Playboys 的早期成員。

在察覺自己走紅之後，Norman 已是樂隊的一員了。之前一直都是 Stanley 在打鼓，之後 Stanley 要去澳洲，我們出了一個空缺。我們玩 band 的時候，已經有許多追隨者，其中有一個男孩子，很喜歡跟我們說笑，而且發現他打鼓打得很好，那就是 Frederick。他本身屬於另一支樂隊[2]，跟 Wallace Chow（周華年）在一起；其實我們之間有許多開心事，Wallace 也是我們間接推薦給 Lotus 的。在他以前，Lotus 的結他手是 Peter Yip。Lotus 這支樂隊很早就成立，連 Sam 也是後來加入的。

Teddy Robin & The Playboys 是　由 Uncle Ray 介紹到鑽石唱片公司的。事緣當時 Norman 建議寫信給 Uncle，請他當我們的經理人，於是決定灌錄一卷錄音帶；我們去了馮添枝的家，因為處理音響方面我們不大在行，就在他家中錄音，那卷錄音帶讓我們有機會跟 Uncle 會面。但 Uncle 沒有介紹我們去任何地方，只是告訴我們，他不能做我們的經理人，因為他是香港政府的員工。之後我們便去了他的生日 Party，當天我們的表演技驚四座。Uncle 就介紹了 EMI 的主管給我們認識，他對我們讚譽有加，我們以為得手了，結果卻石沉大海。

之後 Uncle 再介紹我們到 Diamond，如此我們見到他們唱片公司的負責人 Lal Dayaram，Lal 喜歡我們，我們才得以開始。當時我們只是新人，我記得首先是參與一張名叫《Go Go》的合輯，每支樂隊各有四首歌，這張唱片掛頭牌的應該是 Danny Diaz and The Checkmates。

《Go Go》合輯。

2. Frederick 原先的樂隊叫作 Twilights。資料參考自《歌迷俱樂部 Pop》第 17 期，35 頁。

是灌錄這張唱片在先，
而不是先出細碟《Lies b/w Six Days In May》？

正式來說，推出市面是這樣的次序。（早期）那些錄音都是編在這張合輯中，但我忘記了先後，可能會有偏差[3]。當我們推出第一張細碟，就已經「爆紅」了。Lal 告訴我們，因為 Fabulous Echoes 離開香港，無以為繼，我們就是 Fabulous Echoes 的繼承人，想不到我們比他們更厲害。Lal 很聰明，發現打 Band 的潮流是全世界一起來的，就問我們有沒有朋友介紹。年輕人聽到這個當然很開心，我們立即點將，推薦 Lotus，Sam 很厲害、很有型、很英俊；還有 Joe Junior。所以在之後半年，Sam、Joe 等都一一出碟了。當中，Joe 甚至威脅到我們，他的那首〈Here's a Heart〉很勁。

當時的歌曲大多是 Lal 選給你們唱？

大部分是，不過我們很夠運，在 Diamond 我們是「大哥」，連 Ricky 也是我們向 Mystics 介紹的。Mystics 本來都是外國人，加入一個華人結他手，他們說行，從此 Mystics 就出現了華人。

這些樂隊對後來的樂壇都有很大貢獻，例如 Norman 是周華年的師傅，是 Joe Chen（陳任）的師傅，他們是付錢學的，不像我這種「雜家小子」，到處偷師。Norman 也是付錢學的，跟陳調領學習了幾個月。後來紅了之後我就放下了，少有再碰結他，除了偶爾在 Studio「過手癮」。

六十年代可說是萌芽階段，Striplings 也有一些有趣的歷史。大家一定知道，鄧光榮的第一部電影是《學生王子》，我們 Striplings 是有份拍的，只是後來被導演剪掉戲份。岑南羚是戲中的一個角色，飾演其中一個學生，於是導演就

---

3. 據《Go Go》唱片封套背面所載："Teddy Robin & The Playboys, now racing up the local Hit Parade with "Lies" "，是以應是《Lies b/w Six Days In May》的細碟先推出市面，才到這張《Go Go》合輯。合輯內另一支樂隊為陳欣健的 Astro-Notes。

讓我們客串一場，是一段演奏結他的場口，足足拍了一天，也因此認識了鄧光榮。

他當時問我懂不懂〈Move It〉[4]，我立即彈了出來，他驚為天人，我再彈了幾首，之後便成為好朋友了。電影海報上的一角也看到我們，因此我們拖男帶女，叫了朋友去捧場，結果我們的戲份都被導演剪掉了。這是一件趣事，是 Striplings 第一次公開亮相。

你記得第一首學彈結他的歌是什麼嗎？

當初是幾首歌一起學的，因為初學結他時，沒有一首是彈得完的。我記得第一首是〈Riders in the Sky〉，跟着是英國樂隊 Shadows 的〈Apache〉，但都是彈不完的。當時我很喜歡粗弦震動的感覺，那年代是很流行的。同時聽了另一首歌，是 Shadows 的〈Atlantis〉，我喜歡 Shadows，稍後是 Ventures 的〈Walk don't Run〉，這首歌我有請教 Ricky，他懂得彈而我不懂，我就問他是否這個樣子，讓他指點我。初期我只是喜歡彈結他，第一次比賽應該是演奏〈Evergreen Tree〉。當時並不是以 Striplings 的名義參加比賽，而是幾個朋友湊合一起，岑南羚替我打 Conga，我弟弟及另一位姓廖的朋友替我彈 Rhythm 及 Fill in，那是第一次參賽，但也可能記錯。[5]

Teddy Robin 打鼓你們見過沒有？

---

4. 〈Move It〉是 Cliff Richard 1958 年推出的單曲，被稱為英國真正的第一首 Rock & Roll 歌曲。

5. 據《花花公子樂隊月刊》第二期所載，當時 Teddy Robin 那隊組合叫 Baby Kids，第一次參賽的歌是〈Evergreen Tree〉。

你既然本來喜歡彈結他，為何轉去當歌手呢？

很多時候我是會先唱主音，有些人想聽那首歌，我懂得唱，我便唱兩句了，雖然有時會唱錯字，但表演時別人會覺得你不錯。我在那時最大的優勢，就是音域可以很闊。當時大家都是玩原 Key，沒有人玩轉 Key；大家以原 Key 為榮，不彈原 Key 別人會覺得你較弱。也有一些唱不了那 Key 的人，就被逼要轉，但一轉就很尷尬，因為 Rock Band 的那根粗線，經常把低音的 E 音用得很盡，一轉 Key，很多聲音就不見了。我可以唱 Neil Diamond 的歌，是很低音的，至於高音則可以唱到 Led Zeppelin 的〈Stairway to Heaven〉，這首歌我在流浪時就每晚唱兩三次。

其實你是享受唱歌的崗位，還是彈結他的崗位？

現在是享受彈結他；當時是因為紅了，所以開始享受唱歌。可說是發現了自己優點，而且在樂隊中最搶眼的也是唱歌。論英俊我不及弟弟，論結他也不及 Norman，打鼓更不用跟 Frederick 比，因為當時我根本不懂得打鼓，現在就 OK 啦！大家都把長處發揮，那麼我的長處就是唱歌了。

家人有反對你玩樂隊嗎？

他們沒有時間反對，也沒有給他們機會反對。在我們真正灌錄唱片之前，其實都是在 Norman 家中練歌，他家人也沒有反對。當時在他北角家中練歌，我們是為了演出而練的。到了後來，我們在 Diamond 中做了「大哥」，所有練歌的時間都在 Studio 進行，公司給我們優先使用的權利，其他樂隊也沒有意見，大家都很老友。

九十年代中，我拍峻電影《香江花月夜》後，做了很多訪問，一次與一個年

Teddy Robin & The Playboys 絕對稱得上是當時 Top of the Pops。

青人聊起，我照直說六十年代的事，他真的完全不知道，以為我在吹牛。他不相信我口中所講的事，驚訝：「你們會是最受歡迎樂隊？」我告訴他可以去查查唱片銷售紀錄，誰是最紅，是看賣得多與少，十分簡單。當年我們運氣好，真的很紅。

Teddy Robin 這名字聽起來似是外國人，其實這名字是貪得意改的，而「泰迪羅賓」根本是報界翻譯的，我從來沒想過用這四個字，不過既然大眾肯定就沒法改變了。Teddy 只是 Nick name，Robin 才是我改的英文名；Teddy 是「飛仔」的意思，是用來襯托 Playboys。

你們當時的收入應該不錯，曾否想過成為職業？

並不是沒有想過。當時大部分職業樂手都是菲律賓人，玩得很好，像 Danny Diaz，他們曾在職業比賽中贏過我們（按：這裏指 1968 年的「利惠聲戰」），但年青人就是輸得不服氣。Danny 跟我很死黨，我們各有風格，但大家的水平其實很接近。

塞翁失馬，焉知非福，他們在這職業比賽中勝出，便到英國發展，結果卻是一場空，既賺不了錢，也沒有辦法在當地成名；如果當時是我們勝出，那麼下場可能更慘。這不知道，也可能 Lal 不允許我們去，因為我們在香港能替公司賺錢。Lal 是很厲害的，我介紹了一些人給他，他也自己找到了一些人，他一個人在主持大局，簽了十隊八隊樂隊，在當時號稱 The Man of the Year，即是那一年的音樂界風雲人物。

當時我們跟他有一些磨擦，因為經常覺得當我揀了某首歌，他卻不給我唱，很多歌我都覺得自己選得很有眼光，但他也是對的，他要作出平衡，不能把好歌都只讓給我們唱。

〈Lies〉是我們自己本身（挑選）的，不是我們自己創作。〈Six Days In May〉是 Lal 替我們選的，本來用來作 A Side，但開了一次會後就改成 B Side。〈Six Days In May〉有一點 Beatles 的感覺，風格較斯文。其實在香港，斯文一點是有優勢的，所以他的方向沒有錯。不過我們喜歡〈Lies〉多一點。回想起來，其實我們之前已經累積了一班 Fans，只要他們看見我們的樂隊出唱片就會買了。

當這唱片爆紅之後，樂隊浪潮在半年內湧上，包括 Joe、Sam 等等，他們都是以樂隊形式出道。Sam 是從樂隊出來之後便紅了，算是一炮而紅。Sam 在 Harmonicks 並未紅，他是紅在舞台上，現場看 Sam 是很勁的，因為 Rock 的唱法很適合他。當然，後來他更厲害，在七十年代中正式成為樂壇大哥。在六十年代還不是他，不過已經看得出他有潛質。我們是同期的人，一起玩樂隊、一起比賽，總之經常看見他出席學校表演，在較大型的 Party 也會遇到。反而 Joe 較少遇上，他個人唱得比我們久，他是走另一路線，但後來他也是 Diamond 中的老友。

當時你覺得辛苦嗎？夜晚都有表演？

其實夜晚就只在大會堂表演，但不是經常的，一個月最多一兩次。我那幾年差不多每個月都在大會堂（表演）。在那個樂隊似乎很流行的年代，整個香港樂壇不同了。其實當時沒有什麼競爭。現在很多時會將電影的影響，例如寶珠、芳芳的那些歌相提並論，但事實並非如此，那純屬電影的。我跟她們也是老友，在播音界中曾與她們合作。但她們不屬於 Pop Scene，這是兩個世界。我們的世界是 Pop Scene，是流行曲的世界。她們不一樣，〈女殺手〉這類歌，還有鄭君綿唱「行快 D 啦，喂！」等，與我們這個世界是不同的。

甚至後來時代曲開始冒起時，我們仍是河水不犯井水，我們的 Fans 不會聽這些，但他們漸漸冒起，而我們漸漸式

微。我離開香港時，香港仍然有 Pop Scene 的，那時連溫拿也未出來，只是剛剛改名。

約 1969 年，我們在跑馬地辦了一間 In-Place，有別於專人打碟供人跳舞的的士高舞廳（discotheque），那裏每晚請來不同樂隊作現場演奏，很多老友，我們一星期也玩兩晚，那裏既是跳舞場所，也是一場又一場的小型音樂會，十分開心，可說是開創了「live-theque」的先河。Sam 沒有來玩，但他也有來捧我們場。In-Place 在 1970 年舉行了「海灘流行音樂節」比賽，我是評判之一，冠軍正是由初出茅廬的 Loosers 奪得。Loosers 也就是溫拿樂隊前身，其時鍾鎮濤尚未加入，陳百祥、陳百燊兩兄弟則是 Loosers 成員之一。

The Loosers 奪得 1970 年海灘流行音樂節冠軍，時 Teddy Robin 擔任比賽評判之一。The Loosers 成員：（前排左起）葉智強、譚詠麟、彭健新；（後排左起）陳友、陳百祥、陳百燊。

剛才你提到陳寶珠、鄭君綿所唱的歌屬於另一個世界，
與你們的世界很不同，其實你們主要是唱英文歌？

那年代，學生、年輕人就是愛聽英文歌。在 Pop Scene 中，他們是不存在的，粵語片也不存在。當然他們當年也很紅很紅，我們也當他們是明星，我遇到他們時也會眼前一亮，遇到芳芳也會很開心，之後也做了朋友。她很有星味，出來時會披上斗篷，排戲時才脫下。所以有一個世界是他們的，但那與 Pop 是無關的。在當時，並不是識不識貨的問題，而是他們的 Fans 就會喜歡他們；但那是粵語長片的 Fans。

你們好像也有一個 Fans Club，也有很多人。

我不知道有多少人，但我的 Fans Club 會長至今仍有跟我聯絡，人在加拿大，但回港時也會探望我，一同吃飯。（問：是 Helen 嗎？）是的。她很乖，她的女婿居於香港，也經常來找我。

Fans Club 的人數我不知道，當年我覺得人數不是太多，但他們很團結，而且很支持自己的偶像。無論到哪裏，都有一堆人圍繞自己，之前很不習慣。吃飯時突然來了一群人圍着自己，這種情況時有出現。

所以開始時不敢到處跑，因為有些人也會不喜歡你的，你只是紅在一個 Pop Scene 中，但那一群孩子經常出現在我家門外。因為我兩個弟弟也很紅，加上他們英俊，於是我們三個的電話多到不得了。那時候家人就罵了：「你們在搞什麼？老是轉電話號碼！」因為實在太多 Fans 打來。

紅的時候真的很紅，但很短時間，只是幾年之間，我曾盤算過，自己這支樂隊，到底何時會名存實亡？我想 Norman 比我更清晰，他轉為幕後之後，曾在 1970 年時找我，希望我能推出一張個人大碟。其實我們一直沒有解散過，然而齊人已大概是十年前的事了，現在各散東西，一個在大陸，一個在加拿大，在香港只有四個人。

Norman Cheng 早在樂隊熱潮退卻之前,已在唱片公司擔任幕後工作。

Norman 很早就替 Diamond 擔任唱片監製,是嗎?

是的。他比我先知先覺,後來也鼓勵我出個人專輯。他說樂隊不用解散,你就出個人大碟吧,他當時已經在看自己的路該如何走。Norman 在寶麗金做到最高時,整個東南亞(連日本、澳洲)都屬於他管理的。他很早就看到自己的個性,連在台上彈結他也喜歡背向觀眾,自覺地站在後面支援別人,他是我們邀請加入樂隊的,後來成了死黨,我們三兄弟欠他很多,因為他當了「大哥」之後,很照顧我們。

Ricky 也是,他是第一個被邀請去處理聲音的。Ricky 是在寶麗金取得成績後,才被 EMI 挖角的;而 William 則一直跟着 Norman,直到退休。William 選人的眼光很準,例如張學友、黎明、周慧敏等等,那段時間 William 幫了 Norman 很多。Frederick 就跟了 Uncle Ray,進入港台工作。他們全部都轉成了幕後,只有我一個仍在幕前。當時我就想到外地流浪,看看自己行不行,不行便做幕後吧,這是我自知的。

回港之後,拍了四部電影,我都只是擔任監製,並非做幕前。第一部電影是《點指兵兵》。當時 Norman 鼓勵我出碟,他說:「你搞電影,也需要有音樂輔助。你可以自己寫一首歌來配合,作為電影主題曲!」當時我說:「我不懂

得唱廣東歌啊!」時至今日,我仍然覺得自己唱〈點指兵兵〉很奇怪。《點指兵兵》是我第一張廣東大碟,但當時我覺得自己只懂得唱英文歌。他說:「不要緊,信我吧!你搞電影,也需要有音樂輔助嘛。」結果就推出了《點指兵兵》這專輯,講真這不是我最好的一張碟,但〈點指兵兵〉這首歌不差,因為那概念真的很好,很多力量去營造它,聽起上來很像英文歌。有人說有特色,那我不知道,總之那首歌在當時很紅,可見自己的看法不一定正確。當時我與 Ricky 唯一爭論最厲害的就是這首歌,那時候已經是由他作主了,他認為結他的段落太長,因為結尾那一段全是結他。但因為我喜歡結他,並找來了兩個高手來替我彈,那是我心目中全港最厲害的兩位高手,一是 Lotus 的周華年,另一位是細 AL。他們彈得好,Touch 好靚,當時周華年已經青出於藍。

那首歌是鄭國江老師填詞的，你也有份作詞嗎？

是我有份的。鄭老師跟我合作很多，那是第一次，之後也沒間斷地合作。而林敏驄作詞的第一首歌〈這是愛〉，也是我給他的，其實我也改了一點。許多歌我都沒有改，但自己特別喜歡的，可能會插手。我與鄭老師合作，通常是我作曲時已經知道想講什麼，每次合作都是我說故事給他聽。初期合作，全都是電影主題曲，我一定跟他把故事說清楚，我構思好內容後，字眼、隱喻就由他寫出來。

你在流浪之前曾改唱國語歌，可否談談這樣的轉變？

在 1968-69 年時，鄒文懷先生仍在邵氏，他與我們談，想我簽四部電影合約。我當時覺得自己怎可能演戲？他說替我度身訂造一齣電影，並說了故事大綱給我聽，我覺得有說服力，因此只簽一部。我們那一代不太看錢，總是覺得銅臭，可能是受上一代影響。他跟我談價錢時，我說：「這我不計較，總之我（的片酬）不能低於女主角。」怎知道原來女主角的片酬真的很低，而且還是大明星，可見那時候的片酬的確很廉宜。

在那之前，有一齣《大盜歌王》，主角是東南亞影星林沖，但他歌喉平平，所以找了羅文代唱。因此，我在簽約時寫明如果有歌要唱，就一定由我來唱。對方立即答應，甚至歡迎我創作歌曲，結果我真的作了一首歌給他，但我不肯用來作主題曲，因為寫主題曲一定要跟電影很配合，例如王福齡先生寫的就很好，旋律一流。我因此開始害怕，因為不適合我唱，但也因為這首歌，令我在東南亞走紅了。這一齣《愛情的代價》，讓我第一次到新加坡，乃至往後二三十年，當地的歌迷看見我時並非喊我的名字，而是喊電影名《愛情的代價》，十分搞笑。

這部電影在香港沒什麼大迴響，反而讓我在東南亞走紅。我去過印尼表演，但不是巡迴演出那麼厲害，只是去過印尼、馬來西亞、新加坡，在新加坡逗留最久，那一年讓我見識了不同的世界，遇過姚蘇蓉、張帝等。當時我除了唱〈愛情的代價〉，可能嚇壞你，就是唱Led Zeppelin。

你覺得六十年代爆發的樂隊潮流，
對香港樂壇發展有何影響？

影響十分大，因為源頭就在我們這群人身上；在香港樂壇最勁的八十年代，就是由我們這群人作土，但沒有我的份兒，我是「叛徒」，所以我拍《香江花月夜》送給他們，獻給香港樂壇中的無名英雄，他們全部都是 Band 仔。在那個年代，連老闆也是 Band 仔出身。EMI 的老闆是玩 Band 的；Norman 是寶麗金的老闆，也是玩 Band 的，而且玩得很好。這些人影響很大，他們身邊的人都有能力，他們的眼光也很好。看看是誰挑選張學友出來就知道，八十年代的 Pop Scene，完全是受六十年代這群人的影響。才華是自己的，但由誰選出來，推介他，令他走上高峰，六十年代的一群有很大影響。

除了 Teddy 外，Teddy Robin & The Playboys 其餘成員在七十年代都轉至幕後發展。

想問當時你們樂隊的創作環境，因為主要都是唱英文歌，
甚至很多是 Cover version；到底何時才有自己創作的作品呢？

早在參加比賽的時候，已試過唱自己創作的歌，只是不成功而已。我自己最早作的歌，後來也收錄在唱片中，就是〈Sands of Time〉，當我在印尼的偏遠地方表演時，發現竟也有人聽過這首歌，令我十分驚喜。後來知道原來我在台灣也有 Fans。在七十年代他們曾經邀請過我們的，但那時樂隊已經名存實亡。

你們如何分工呢?

歌曲都是獨立創作的,不是集體創作。我與 Norman 是主力,但大家的路又不盡相同,我跟他比較各走極端。例如〈Sands of Time〉是很柔的,聽起來很順耳;〈Take my life〉就很沉重,當時我有點模仿 Jimi Hendrix。而 Norman 受我影響,也開始玩,但他是斯文的。他不是作慢歌,而是受 Beatles 的影響,不是很吵的那一種。在那年代,即將流行就是很吵的那一種,我正是掉入那種曲風之中。所以他的歌與我相比,是比較斯文的。他的音樂感是特別的,他的歌我也喜歡,他也有唱主音,而和音則大家都 OK。

當年 Lal 很開放,讓你們自行創作?

當年我們是最有創作能力的,他很遷就我們。其他樂隊我不知道,但至今 Lal 仍會偶爾來探望我,前陣子他患病了,最近才康復。他有時回港,也有邀請我到加拿大替他開 Show。他現在居於加拿大。

我們最紅的時代,是 1967-69 這三年。其中只有最後這張唱片是陳家蓀有份的,所以這一張碟多了很多 Keyboard,他是 1968 年末加入我們,因為 TVB 而加入,當時我們需要高手支援,就找來了陳家蓀。他玩了很多支樂隊,跳來跳去。Sam 也玩了很多支樂隊,第一隊是 Harmonicks,之後去了夜總會跟 Bar Six 一起唱歌,賺了一點錢,最後才加入 Lotus。當他與周華年加入 Lotus 之後,這支樂隊開始有看頭。

陳任也是 Norman 的學生。後來還有一些所謂的「嫡傳弟子」,叫我做師傅的有 Mod East,Chris Sayer(即 Mod East 主音)稱我為師傅。其實也沒什麼。他靚仔,他的樂隊也有 Fans。還有 Magic Carpet 的 Tony Tsang,現在跟他仍很老友,最近做《救火英雄》的 Soundtrack,便找他來替我唱聖誕歌。

回說創作,創作是一定要的,沒有的話,一定不會成功。1974 年中,當我離港之後,Sam 已經爆紅了,我是在

唐人街看《鬼馬雙星》電影的。自己知自己事，在七十年代初，我與 Norman 聊天時，已經感受到英文歌已經不行，並嘗試改唱中文歌。當時貪得意改了一首中文歌，改自〈Tie a Yellow Ribbon Round The Old Oak Tree〉，並嘗試填寫中文歌詞，這時才發覺自己沒有填詞的天份。一個人做是很辛苦的，填了大半之後，都不敢拿出來見人。

之後看到 Sam 成功，我有些不敢回香港，因為回來之後不知道自己站在什麼位置。在那年代之前，Sam 一直當我大哥，忽然之間他變得很勁，我知道是 Norman 關照的，他跟 Sam 很要好，所以我不敢回去。反而 Norman 路經美國時，特地飛到加拿大來找我，問我在當地發展如何，叫我回去香港。我跟他說，就讓我在外邊放放假吧。

當時我仍覺得自己那支樂隊（Asianada）有前途的，本想發展到一定程度便開始寫歌。我覺得寫歌是不能拖的，必須新鮮熱辣，一寫好就立即練，不行的話就寫下一首。最後只寫出一首，而且不是我寫的，是外國人寫了這首歌給我們唱。在當地，我們也有很多朋友。

那時有些灰心，便回到香港做評判[6]，我心中想着放棄樂壇，因為我覺得那是屬於年青人的。當時我已經年過三十，自覺這個年紀不應該再玩這些，所以我就拍電影，因為自幼喜歡電影，到了加拿大也有自修。一旦我喜歡一件事，就會沉迷，所以回來之後便專注搞電影，拍了四部，但都是有音樂的支撐。如果沒有了音樂這元素，第一齣電影不會那麼成功；第一齣電影，我的歌〈點指兵兵〉「擺明車馬」幫了電影很多很多，光是〈點指兵兵〉這首歌在當時已經大熱。這齣電影中沒有明星，導演也是新人，那就是章國明，那是他執導的第一齣戲。這是天時地利人和，當時是時勢造英雄；到你成為了英雄後，你便可以影響時勢。

我覺得我們在六十年代是能夠造時勢的，造出八十年代的時勢；我們不是刻意造，大家只是拼命做好事情，正如你問我什麼時候開始寫歌一樣。總之大家沒有排外，那時回香港後，Norman 遊說我出碟，我便做了；做好之後，我開始構思劇本，然後再將兩件事放在一起，成功之後再一步步上。在那個年代來說，我們即使做自己的事，仍然很欣賞別人的長處。

---

6. 1978 年，Teddy 收到昔日無綫電視同袍吳惠萍的電話，邀請他回港擔任歌唱比賽評判。參考林蕾：《羅賓‧看》，同窗文化工房，2012 年，頁 73。

本書作者與 Teddy Robin 合照。

歷史就是這樣，我覺得就是這樣，
我們在歷史潮流中擔當了一個角色，十分幸運，
而且遇到像 Norman、Ricky 等老友，
他們為八十年代樂壇生色不少。◎

訪 JOE JUNIOR

66 我一直東奔西跑，同時也在練功，工多藝熟。
所謂「台上一分鐘，台下十年功」，這是真的。
我學了唱歌五十年，一踏入樂壇就被人看上，一試音就成功了。
從初期夾了三年 Band，灌錄第一張唱片，
一直到現在，今年已經（踏進樂壇）48 周年。**99**

受訪者　　Joe Junior，當時為 Zoundcrackers 及 Joe Junior & The Side-Effects 主音
訪問日期　2015-01-12

很高興你接受我們的訪問，
希望能談談你出道至今的歷程。

大概由我七歲開始，就被音樂深深吸引住。時至今日，我看盡樂壇五十年，人生百態都看了許多，經歷風風浪浪，龍捲風捲我上去，再掉下來到深井裏，我都一一經歷過。我知道什麼是「路遙知馬力」。

在未踏入樂壇前，我是真真正正學了三年唱歌的，我從小學五年級已經開始學，中學還未畢業，已經去看其他樂隊表演，並請求別人讓我一起玩，跟別人Jam 歌，結束後就回家睡覺，到了星期六、日又去跟別人 Jam，到處 Jam，有時他們去夜總會玩，我就去看，從中偷師，拿些經驗。之後畢業，剛放下書包，就開始唱，然後就唱到現在了。

〈Here's a Heart〉這首歌是先推出細碟的，結果賣到滿堂紅，但很失禮，在 1967-69 年間，我可謂名成利不就，賺不了什麼錢。雖然賣到滿堂紅，但一張細碟才 3.5 元，頂多 4 元一張，五個

人能分到多少？老實說，這張碟賣得很好，賣了過萬張，賺了幾萬元，但五個人分，每人只分得幾千元，能吃多久？之後更慘，1967-69 年當紅，1970 年更去了日本博覽會，回來之後，國語歌席捲而至，廣東歌再緊接而來，一浪接一浪，我就在大海當中不斷拼命划，一直如此，那些甜酸苦辣，現在只是大概地講出來。

記得當時某酒吧請人唱歌，我跟他們說：「雖然你不是老闆，但你作為經理總能夠話事吧！」但對方回覆：「不是不請，但老闆要請性感的女歌手。」真糟糕，即是我沒有機會了。我經歷了許多這些事，明白要面對現實，馬死落地行嘛。總之當時的心態就是能夠「搵兩餐」就行了。

我一直東奔西跑，同時也在練功，工多藝熟。所謂「台上一分鐘，台下十年功」，這是真的。我學了唱歌五十年，

一踏入樂壇就被人看上，一試音就成功了。從初期夾了三年 Band，灌錄第一張唱片，一直到現在，今年已經（踏進樂壇）48 周年。我很感謝那位女士，替我從 41 周年開始籌辦演唱會。後年我的夢想便達到了：Joe Junior 半世紀 50 周年演唱會，十分難得。

之後，我會稍作休息，看清楚前路，再以「樂壇之寶」（的名義）繼續上路，看看能否走到 80 歲，當然這要聽天由命了。今年我 69 歲，還在操練，仍做冰火、焗桑拿等，令身體保持良好狀態。

在 1966-69 年，香港有很多樂隊湧現，原來在粵語歌盛行之前，還有一個很燦爛的時代，這時代很可能是年青一代所不認識的，我們很想回顧這段彷彿被人遺忘的歷史。

這裏有很多感動的故事可以說。我七、八歲時已經開始聽音樂，因為我的舅父喜歡開 Party，尤其聖誕節、大除夕等節日。他們會租用禮堂來開 Party，我年紀還小，要早睡，所以去 Party 吃些蛋糕、跳跳舞，晚餐過後就要回家睡覺，他們則繼續玩。不過那時候多數是星期六、日舉行。我在那時已經開始聽 Patti Page、Platters 等等的歌。這些歌我今時今日仍在唱，也仍然很多人喜歡。

時間回到 1945 年，香港仍在打仗。我的外公、爺爺都是澳門的葡國人，所以母親走難到澳門，認識了我的父親並生下了我。和平之後，我便回到香港，讀的是中文學校，是在灣仔海旁的一家小學。我沒讀過幼稚園，一讀就是一年級，讀的是中文，我甚至懂得寫毛筆字，大字、小字我都懂得寫。

及後我爸爸認識新法書院的一個主任，便安排了我入讀新法書院，在加路連山上，便開始讀中英文。當時我七歲，從二年級讀到四年級。之後聖若瑟招生，看我是葡國姓名：José Maria Rodriguez Jr.，而且我的三個舅父都是聖若瑟學生，所以我優先入學。進去之後，第一年又開始讀中文，而且學的東西正是以前學過的，當然考第一了。讀了四年中學，之後要轉讀法文，我讀書不太好，在聖若瑟時很頑皮，而且一旦留級，就會被踢出校，結果便回到新法，並認識了 Ricky Fung（馮添枝）。回到新法之後，我的中文跟不上，結果便讀文科，並一直讀到畢業。

後來拍戲，我想拿劇本看時，老是被人問：「要不要替你翻譯？」把「吳」寫成「Ng」給我，其實不必，我跟他說：「你買一份馬經回來，我從頭到尾讀一次給你聽。」

你小時候學唱歌，是學唱什麼歌呢？

我是在詩歌班學唱歌。我們曾經參加比賽，並拿了第一名，當時唱的是〈藍色多瑙河〉，四聲部的。所以我的底子是唱古典的。至今我仍在唱流行曲，例如〈You'll Never Walk Alone〉之類，這些是很靠實力的，而且不要讓人聽得見呼吸聲。

在新法讀書時才開始組樂隊？

是啊，我第一首歌就是跟 Ricky Fung 夾〈The Young Ones〉， 是 Cliff Richard 的歌，這是我的拿手好戲。我為什麼會喜歡唱歌呢？是某一天電台播了一首歌，是 Paul Anka 的〈Diana〉，這首歌迷死了我，立即儲了 3.5 元買了這張唱片，並回家跟媽媽講，我將來要學他出唱片。誰知道媽媽說不行，要求一定要讀書畢業再說，不識字還學人唱什麼歌？於是中英文我都學。

回想以前的日子，其實很高興。在青少年時代，我跟大家組樂隊，認識了陳家蓀，然後就認識了利舞臺七喜的親戚，之後去跟他練歌。我跟媽媽說：「我今晚不回家，我要去陳家蓀家中練歌，然後睡一晚，明早才回家。」通常第二天不用上學，就會這樣子過。我媽媽只跟我說，不要弄壞別人家裏的東西。陳

Joe Junior 自小學唱歌，唱功十分紮實。

家蓀家裏的人，我全都認識，連他的妹妹苗可秀（陳詠憫）我也認識。我跟他們都是好朋友，識於微時。

我跟他們一起夾 Band，一畢業，拿了成績表，我跟媽媽說：「我畢業了，我要去唱歌了！」但成績表一打開，只有英文一科及格，其餘都不及格。媽媽也拿我沒辦法。但我也很幸運，我是天主教徒，連上天也幫助我；有一次英國樂隊 Searchers 來香港演唱（按：時為 1966 年 1 月），當時香港最威的表演場地就是大會堂。那時找不到 Guess，便找上了我有份參與的 Zoundcrackers，我們立即答應。之所以會找上我們，是因為每當星期五、六有空時，我們就會到金鳳夜總會客串，正巧有一對澳洲夫婦在那裏擔任經理，他們問我們有沒有興趣試音，我們當然

馬上答應了。一上去,一唱,我就立即被鑽石唱片公司看中。還記得去試音時,先唱〈Once Upon a Time〉。

我們在 1966 年的聖誕節出碟,但反應普通,因為當時還沒有人認識;到 1967 年頭,再灌錄了另一張,正巧當時流行 GOGO,我的歌曲節奏正好相配,賣得十分火熱,人們也因此關心是誰唱的。

我灌錄的歌,全都是我喜歡的;我不喜歡的歌是不會錄的。因為這是個人口味,我喜歡的話,便能整個人投進去唱,像榨橙汁般把味道榨出來。

出這些唱片時我已完成學業了,一放下書包就錄〈Once Upon a Time〉。其實早在我讀中五時,已經跟 Christine Samson、她的弟弟 Michael Samson、姐姐 Laura Samson 一起,陳家蓀負責主音結他,Laura 彈 Rhythm,Christine 彈 Bass,Michael 打鼓,我作主音歌手。當時樂隊名叫 D' Topnotes,是第一代的 D' Topnotes,我們晚上就在總統酒店地庫的炮仗吧表演,當時已經賺 700 元一個月,可以自己交學費,唱完便在酒店過夜,第二天一早去上學,上到第三堂已經睡着了。當時老師告訴同學不要吵醒我,因為知道我晚上還要唱歌。結果成績表一出,全部不及格,最後讀到中五便算了,一唱歌便唱到現在。所以 Christine Samson 跟我很熟,也跟 Anders Nelsson 認識超過五十年。

當年夾 Band 很開心,有機會試音,便因此出了名堂。之後別人問那首歌是誰唱的,沒有人知道,只知道是 Zoundcrackers。最後找出是我唱的,便把我的名字寫了出來。他們知道是 Joe Junior 唱的,而 Joe Junior 是 Zoundcrackers 的歌手;誰知道有隊員知道了,不高興把我的名字放在前頭,覺得我出鋒頭,之後因此有些爭執。後來跟公司說,沒有辦法,便要我再組另一支樂隊,於是有了 Joe Junior & The Side-Effects。樂隊成員裏面,Alex Tao 是我在聖若瑟讀書時的同學,現在身處美國;Robert Lee 現在做生意,很少見了;David Tong 現在在加拿大,因為心臟不太好,已經不太能彈結他了。此外還有 James Fong。

The Zoundcrackers 組成時間不長，卻是 Joe Junior
（右二）冒起的源頭。Alex Tao（左一）後來也成了
Joe Junior & The Side-Effects 的隊員。

組成之後，公司叫我們立即先錄一首歌，就是〈A Letter〉。我唱歌喜歡手舞足蹈，有自己的風格，夠特別。這細碟推出後，賣得相當好，上了流行榜。之後要趕着在聖誕節前多灌錄一張。結果有很多一些 45 吋的，來自英國、荷蘭、法國、瑞士的英文歌歌辦給我們揀，Teddy 又揀，Michael Remedios 也揀，個個都在揀；他們揀完之後才到我揀，我找到一張我喜歡的，那就是〈Here's a Heart〉了。

這首歌沒有人揀，說難唱並不難唱，但說易也不容易，要樂隊演奏的話他們未必懂，一定要有樂譜看，因為音樂在中段突然降下去，沒譜的話會不知道要轉

到哪裏。當時這首歌我聽了沒有十次也有八次，我就選了它，然後錄音，很快。當時鑽石唱片公司（的錄音室）沒有如今那麼先進，先要錄好音樂，然後我聽幾次，就開始錄音；一次過由頭唱到尾，然後就 ok 了。不過有些地方不太好，我再聽幾次，然後再錄一次，便完成了。這首歌一出街，立即飛上流行榜（首位），連續七個星期，其他人都上不了，連 Teddy 也上不去，被我霸佔七個星期。老實講，這首歌我唱到今天還未厭，隨時可以清唱。我一唱這首歌，腦中便充滿開心、懷舊的回憶，整個人便很興奮。

人生就是如此。這首歌唱不厭，而且要放更多感情進去。然後我發現一件事：聽你喜歡的歌，唱你喜歡的歌，在人生中是很開心、很鼓勵的事。尤其是有些事情想不開、解不開的話，唱歌便能讓自己舒服起來，如有神助。有些人會問我是否每星期去教堂，我會說，去教堂不一定是星期日，而是自己的心是否在想念着神？

〈Here's a Heart〉的成功，助 Joe Junior 攀上
事業的第一個高峰。

當時曾否想過這首歌會這麼紅？

沒想過，我只知道自己很喜歡這首歌。
唱這首歌，一定要懂得運用丹田，掌握
大細聲，以憂鬱及某程度的「嗲」才能
唱得出來。這首歌要唱出味道並不容
易，而且有其風格、味道。這跟我本人
的性格很吻合。

很多人想我唱〈Hotel California〉，但
這與我性格不合，即使歌很好聽，我就
是不唱。因為這不是適合我唱的歌，倒
不如留給喜歡的人來唱。

我想過，將來如果有朝一日真能舉行
「樂壇之寶」演唱會，我會一次過找來
很多舞台劇的歌，例如《夢斷城西》、
《窈窕淑女》、《仙樂飄飄處處聞》等。
這些歌都是用上不同的唱法，與流行曲
不相同。這是我其中的一個夢想。人要
有夢想，雖然不可能百分百達到，唯有
努力、期望，工多藝熟，不要讓它停下
來。

我想跟年輕人說，我際遇不好，又沒有
後台，我經歷過很多這種事，但我都
不作聲，很低調。單人匹馬，別人說
怎樣便怎樣吧，不再去想；只想自己可
以如何努力。這番話我常跟年輕人說，
當你什麼都沒有時，唯一可靠的就是勤
力，勤力就是買了保險，不怕自己糊不
了口。我也常提醒年青人，要多孝順父
母，天是在看的。

像我們這一行，路是十分崎嶇的，彎彎
曲曲。1967-69 年我紅極一時，之後國
語歌蓋過來，然後廣東歌再蓋過來，把
我沖進大海，浮浮沉沉了三十多年，很
艱苦。我東奔西跑，有天有人來找我唱
一場騷，場中有一位無綫高層，糊裏
糊塗竟做了我的經理人，再糊裏糊塗推
了我進無綫，又糊裏糊有人替我開演唱
會，從 41 周年到 48 周年，糊裏糊塗
"this city is dying" 成了我的金句，
又糊裏糊塗拍了好幾齣電視劇，再糊裏
糊塗拍了《三個小生去旅行》，現在竟
然比 1967-69 年更紅。我覺得很神奇，
所以一有空就去教堂感恩。我很知足，
我還在做自己喜歡的事，就是唱歌，而
且還拍戲，拍電視。這一輩子我沒有想
過，竟然會因《三個小生去旅行》而得
到無綫的獎項，我真的講不出話來；我
不是求榮譽，我只想做好自己，唱好每
一首歌。

當時〈Here's a Heart〉算是助你攀上第一個高峰，
樂隊上下理應很開心，希望繼續再創高峰，
但很奇怪，這支樂隊沒有合作太長時間？

The Side-Effects 灌錄了兩張唱片，賣了之後就到這一張專輯《Tribute》，當中也有一個故事。Paul Anka 是我偶像，名作有〈Diana〉，之後還有很多，如〈I Love You Baby〉，還有〈Put Your Head On My Shoulder〉，我最喜歡就是這首歌。當時 Cliff Richard 還沒出現，直到 Paul Anka 稍作引退之後，Cliff Richard 才出現，一聽他的歌，我就被他迷住了。Cliff Richard 的唱腔，很適合我來唱，便立即找他的歌。我也可以開一個三小時的音樂會，全部唱

Cliff Richard 的歌，他的歌我閉上眼也懂得唱。

為什麼樂隊會解散？Joe Junior & The Side-Effects 組成之前，我先跟大家說好：「大家允許用我的名字在前面？」當時大家都同意。當時我們的形象是鄰家男孩，然後再一直改變自己的風格，大家也接受，反應很好。但隨後，這個家人不允許（夾 Band），那個又要移民，最後剩下一個，結果我便獨立發展，推出一些個人專輯來了。

《Tribute》這張大碟是你的構思，還是來自 Diamond 的主意？

是公司的主意，因為 Lal 知道我喜歡 Cliff Richard。另外《The Voice of Love》我也很喜歡，公司知道我愛唱情歌，就做一張唱片，裏面每首歌歌名都有 Love 這個字。

我永遠記得十歲時，我在聖若瑟小學，舉辦聖誕節 Party，當時班主任在班房門外叫大家輪流唱歌，其中一位同學，雙腳發抖地唱了一首貓王的歌，我才知道貓王，笑到我肚痛。回家後，媽媽告訴我貓王真是這樣唱歌的，我便開始愛上唱歌了。

當時有沒有考慮組成第三支樂隊？

時至今日，我仍想重組一支樂隊，就叫 Joe Junior & The Side-Effects，在演唱會上唱 Paul Anka、Cliff Richard、貓王、Tom Jones，還有英國的樂隊，如 Gerry & The Pacemaker、Herman's Hermits、Rolling Stones，Animals 是不用講的，一定是唱〈House of the Rising Sun〉。還有 Hollies、Searches，Beatles 都是我的拿手好戲。我在演唱會中，每一支當年紅極一時的樂隊都選一首歌來唱。

我告訴你們一個故事：那時我剛在多倫多開了 40 周年演唱會，回到香港時，我跟老婆說：「如果有人替我開 41 周年演唱會就好了。」不到兩三個月，黑妹介紹了我在怡東酒店演出，她開車接我去綵排。路上，黑妹跟我說：「我想跟你開一場演唱會，因為我跟很多人都開過了，想跟你也開一場。」我等了這個機會很久，很開心，回家跟老婆說，不如就名為「41 周年」吧。不過也一場歡喜一場驚：我不曉得有沒有人來捧場。我老婆安慰我，說不用擔心。才兩個星期，黑妹就打電話告訴我，演唱會已經爆滿了。信心立即回來，我很感謝黑妹，像是上天幫助我。我一直期望能一年開一次演唱會，一直開到 50 周年，結果現在開到 48 周年了。

圖為 Joe Junior 的親筆簽名相。

這世界沒有誰特別厲害，人人都是平等的，你肯努力就有成果。若現在面前坐滿了人，大家都要求我唱歌，我是可以立即唱兩小時也沒有問題的，因為我準備好了。

甚至有一次在澳門，我沒有時間跟一支五人的菲律賓樂隊綵排，我寫了四、五十首歌的歌名出來，問他們是否懂得，Key 是什麼，是快歌還是慢歌，列成順序清單之後，四、五首略停一下，講講話。結果一次綵排都沒有，在金沙直接開騷，一氣呵氣，這就是經驗。有些人綵排一首歌也要一小時的，而我是經驗的累積。

你在開始個人發展時有嘗試作曲嗎？

作曲我有興趣，但要講天賦，那是另一種天份。有時也要靈感。我正在作一首名為〈EMILY〉的歌，但現在只作了一半。我很喜歡唱以女孩名字為名的歌，Emily 這個名字其實很美，很多女孩都未必知道：E=Every, M= Minute, I=I, L=Love, Y=You， 即 Every minute I love you。我作到這裏，也只有三分之一。所以說作曲是需要靈感與天份的，我沒有這天份，所以要慢慢想，一有靈感就立即記下來。

當年你夾 Band 時有學樂器嗎？

我想學結他，但真的沒有天份，不由得不認。當時真的找了一位結他高手來教我，但按弦時手會痛，痛之餘又經常按錯弦，結果上了幾堂就不學了。之後找了唱歌老師，我到她的家，我很敬愛她。她教唱歌時是有一大班學生的，我們逐個出來試音，唱時肚子要縮進去的，沒做到要捱打，但就是這樣，讓大家學會提氣。

之後我再跟她學了一兩年鋼琴，我要學鋼琴，讓自己至少知道中音在哪裏，我的鋼琴造詣並不厲害，只是懂些皮毛，但已經足夠練歌及作曲之用。這也是講求工多藝熟的，要做好不是一朝一夕，當上了軌道，便隨時能唱了。

你只能說我勤力，不勤力就沒有用了。要知道世上沒有哪個是最好的，只有更好。我不管你唱什麼語言的歌，或什麼類型的歌，總之各師各法，你有你唱，我有我唱，前輩有前輩唱，後輩有後輩唱，我只希望這社會百花齊放，人人開心。

你在 Diamond 時，與公司合作愉快嗎？

開心，我這個人很隨和的。世事很有趣，往往不必苛求，我到處奔波之際，終於遇到有貴人相扶。我沒有人事，沒有後台，只靠努力練習，練出實力來，可能上天看到我努力，便給我機會，為我找來一個經理人，她對我很好，簽我時她的一位朋友質疑：「有沒有搞錯？簽也簽個年輕一點的，怎麼簽一個那麼老的？」

藝術沒有老的，藝術講的是永恆，我有本事唱到八十歲，不是更厲害嗎？你看 Uncle Ray 做 DJ 做到九十歲，我們也十分敬佩他。

你説當年被浪蓋過，其實除了你之外，還有其他樂隊也受到衝擊。好些樂隊成員都轉為幕後工作，當時你為何沒有選這條路，而一直堅持唱歌？

第一，我喜歡唱歌。那時候我沒有法子，要搵食，當時還未娶老婆，但還要養父母。當時我在想如何轉行，但很神奇，一個電話打來，有一位許先生找我，他接手了中環一個地方，就是皇后戲院下面的夏蕙餐廳，想找我擔任駐場歌手。當時我立即兩眼放光，問了詳情後就接受了。我在那裏開始唱，從而認識了一些朋友。夏蕙與彌敦酒店的夏怡是同一個老闆的，夏蕙結束後，我便轉到那邊唱。

之後又有人看中了我，邀請我到台灣唱 Paul Anka 的歌，因為當地流行舊歌，我便去了台灣。那是 1978-79 年的事。此前我參加了歌曲創作比賽，唱〈When You Sing〉，這是鍾肇峰[1] 特地為我而作的，結果我得殿軍。這是另一個故事了。

在台灣唱了三個月，他們不許我逗留那麼久，要回來再拿入台證，來來回回，我的普通話也是在那時候學的。還差一

---

1. 鍾肇峰 (Dominic Chung)，香港作曲家顧嘉煇的首徒。

作者與 Joe Junior 合照。

點時間，我就連台灣話都學懂了。後來回到香港，本來擔心在香港找不到工作，我走遍尖沙嘴的酒吧，找遍認識的人。輾轉間到了凱旋，最終我在那裏逗留了九年。

一浪又一浪地蓋過來，國語歌、廣東歌興起，令我差點沉下去，令我明白到自己辛苦一點也不要緊，總之在最艱苦的時間還要練苦功，機會一到就不會錯過了。我很開心，歌迷對我真的不離不棄。我回想原因，該是我的歌能打動他們的心。

我覺得 this city is NOT dying，我感覺到現在的時勢仍很活躍，只要齊心加油，人人做好本分，百花齊放，開開心心。吃多少穿多少，我經歷過很多，真的很感恩：我的老婆、經理人都很支持我，無綫也給我很多機會，我都很感恩，我是飲水思源的人。

什麼風浪我也遇過，比賽得第四名，心中難受；
但那首歌出了碟，風行一時。
這就是際遇，要面對現實才能看到真相。
要捨才有得，所以做人心胸不能狹窄，能幫到人就幫。◎

跟 羅 文 一 起 夾 Band 的 日 子

訪 WILLY HAN [1]

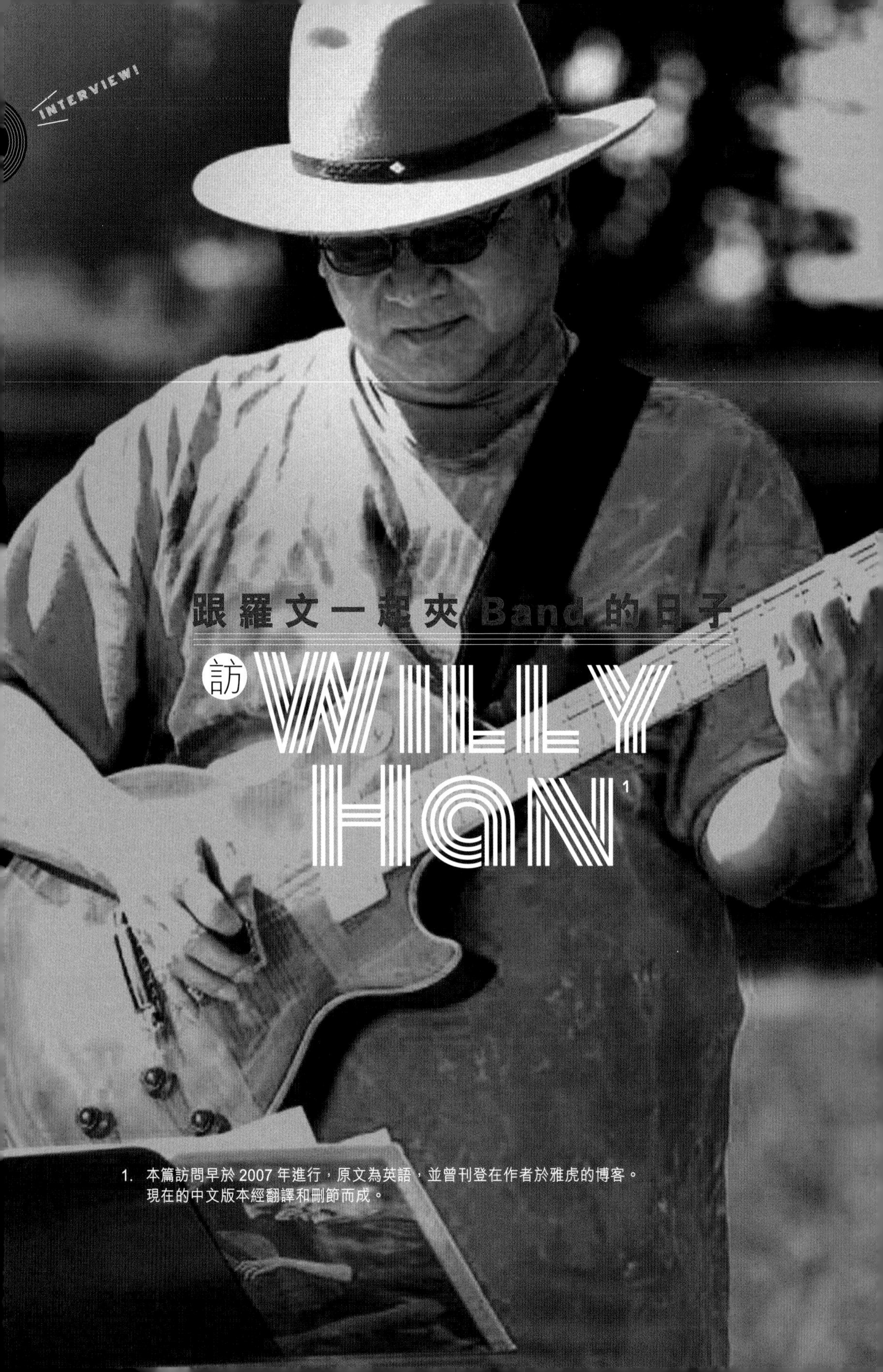

1. 本篇訪問早於 2007 年進行，原文為英語，並曾刊登在作者於雅虎的博客。
現在的中文版本經翻譯和刪節而成。

> ❝Roman 是出眾的表演者。他是天生的巨星、獨一無二、注定要站在人群之上。
> Roman 的傑出某程度上是因為他是一位完美主義者。
> 除了音樂上追求極致,他對於自己的儀表形象也有相當高的要求。
> Roman 是我們的「皇帝」（Emperor）。
> 我們封 Roman 這個稱號是因為他就好像大哥哥一樣照顧我們。❞

受訪者　　　Willy Han,當時為 Roman & the Four Steps 低音結他手

請問你是怎樣開始接觸音樂的？

我最初接觸的流行歌曲是 1960 年 The Shadows 的〈Apache〉。仍記得當時我只有 11 歲,完全沒想到音樂會對我日後的人生有重大影響。自從聽到〈Apache〉,我開始留意音樂。音樂漸漸由一堆聲音變成具有吸引力和意義的東西。我開始渴求大量的音樂,尤其是結他音樂。

我慶幸自己能夠在香港這個自由和文化薈萃的社會長大,家人亦喜歡音樂,所以我從少便有機會接觸不同類型的音樂,由中國戲曲到西方搖滾樂都有。每逢放學返到家中,除非爺爺在拉二胡,否則必定是播唱片或是收聽收音機的廣播。

六十年代初我最喜歡聽搖滾樂,我聽 Elvis、The Ventures、The Shadows、Tony Molotta、Cliff Richard 和早期的 The Beatles。

過了不久,有一件對我音樂之路有重大影響的事情發生,就是我的舅父答應送我一支結他,並教我彈奏。自此,我進入了一個新天地,音樂成為了我的一部分。

學彈結他這件事,並非如天真的我想像中那麼有趣和迷人。過來人都會明白,要成功學習一種樂器,是需要一定的毅力和刻苦的紀律,有時甚至弄到身心疲累。雖然爸爸亦喜歡西方音樂,但他一直認為西方樂器不是中國人玩的,而且覺得學這些樂器是浪費時間,所以母親就提議我去求教舅父。爸爸雖然不鼓勵我玩結他,但沒有阻止我。

學樂器的過程中,我還遇到另一個挑戰。每逢星期六早上,我都要好像冒險歷程一樣帶着結他去到音樂老師家中。那時我的結他是裝在一個紙盒內,當時的人上巴士是不會排隊的,要爭先恐後才可勉強擠上車。落車後,我還要在彌敦道行幾段路才到達位於麼地道的音樂老師住所。

每逢雨季，就是一大挑戰，濕了的紙盒會變軟，還要小心翼翼地防止結他跌出來。有時去到老師家中，我和結他都已經濕透了。回想起來，實在想不透那支濕過水的結他是怎樣捱過來的，那支結他陪伴我渡過了學習基本音樂彈奏知識的時光。

直到現在，我也不知道為什麼那時我可以堅持學結他的。既沒有父親的支持，也沒有朋友陪伴。唯一最支持的是我大哥 Eddie。每當我對練習感到頹喪的時候，他總是安慰說我彈得比昨天好，有一日，我的第一位音樂老師突然間讓我看他的古典 / 西班牙結他，示範彈奏了一些樂曲，之後對我說這是「我的小鋼琴」（This is my Little Piano）。那情景自今仍歷歷在目，我永遠都忘不了那美妙的聲音。好幾年之後，我加入了 Roman & The Four Steps 時，我開始正式上堂學習古典 / 西班牙結他。

總括來說，我是由〈Apache〉開始踏進音樂世界，它啟發了我學彈結他的興趣，今時今日我仍然很努力地研究這件我心目中最偉大的樂器。由我接觸音樂開始，我從未離開音樂，直至 1973 年我舉家移民到美國才停下來，但這是後話了。

你是什麼時候加入 Roman & The Four Steps 的？為何你會加入呢？樂隊包括那些成員？

說來話長，讓我慢慢告訴你。當時 (1968 年) 我 在 一 隊 叫 TimeWarp 的樂隊中擔任低音結他手，樂隊成員還有 Anders Nelsson（主音 / 結他）、Anna Chui（主音 / 琴鍵）、Steve Tebbutt（主音 / 鼓）和 John Wong（主音 / 主音結他）。我們在北京道一間叫 Spider's Web 的 club 演出，跟 Roman & The Four Steps 演出的 Firecrackers 僅一街之隔。

故事從一個傷感的晚上開始。

那一夜正是我們和 Spider's Web 簽訂演出合約的最後一晚，會所高層決定不和我們續約，因為他們打算轉型為一間沒有現場樂隊的酒吧。正當我們知道這個壞消息後，鼓手 Steve 也宣告離開樂隊。

TimeWarp 在我心目中是一支出色的樂隊，我十分享受大家一齊玩音樂，Steve 的決定令我傷心不已。Steve 來自一個富裕的家庭，家住加多利山，是一位一流的鼓手。Steve 和我因為

Anders Nelsson 而認識，很快便成為了好朋友。昔日香港殖民地生活總是帶點種族隔離，Steve 家境優越，卻是我認識的英國人當中，少數從來不會帶着有色眼睛來看待其他膚色人士的人。他對音樂的冒險精神令我最為欣賞，Steve 喜歡體驗新類型的音樂，Steve 啟發了我接觸反體制的 Bob Dylan 以及迷幻時期的 Beatles。

那時的 Anders Nelsson 已經是一位很受歡迎和成功的音樂人，能夠和他一起夾 band 我感到很榮幸。我喜歡 Anders 平易近人的音樂風格和他的音樂才華。六十年代很多音樂人都是自私而不可靠的，例如有些人會暗地裏收起一些表演報酬，又或者答應了別人又反口等等。Anders 是一個直腸直肚，可以讓我完全信賴的人，所有樂隊的生意合約洽談，大家都很放心讓他去交涉。另一方面 Anders 是一個充滿幽默感的

人，和他玩音樂時永遠不會感到沉悶。Anna Chui 是隊中的美女鍵琴手。我認識 Anna 的時候她正在灣仔的酒吧彈琴，她曾經是 Powder Puff 的成員。Powder Puff 是除了 The Blue Star Sisters 之外，六十年代香港絕無僅有的全女子組合。Anna 彈得一手優美的琴音，彈新歌很快就上手。我和 Anna 一直維持大姐姐和小弟弟的友好關係，三十多年來，每到聖誕節都會互相寄賀卡給對方。

John Wong 是我們的英俊主音結他手。早在我還未全職玩音樂時已經認識 John 了。他和 Anna 一樣都是很獨立的樂手，有豐富的音樂觸覺。John 比較沉默寡言，雖然認識已久，但自問對他認識不是很深。

回說那一夜，當 Steve 宣告退出時，我受到極大打擊，因為我才剛剛開始踏進這個全新的音樂世界。音樂在六十年代普遍的年青人心中，比金錢還重要。那年代，就算失業仍有家人支持，我們可以自由地玩音樂，更會夢想有朝一日成為天王巨星。

正當我沮喪之極的時候，Four Steps 的低音結他手 Ronald Tsang 在我們表演中段小休時出現。我當時的心情跌至谷底，看到 Ronald 只能勉強點頭微笑。Ronald 算得上是我的救星，原來他是來邀請我加入 Four Steps，以取代他的位置。

Willy 在加入 Roman and The Four Steps 前，曾跟 Anders Nelsson 夾 Band。

早期的 Roman & The Four Steps。
認得誰是 Roman Tam 嗎？

對於我來說，這是完美的好機會。我告訴自己，是 Steve 的問題，不是我的問題。通常一支樂隊的隊員離開，其他成員都會感到受傷害，就好像被背叛一樣，情況和被女朋友拋棄相差無幾。我幾乎是立即答應了 Ronald，他也意想不到我這麼快便答應。接着我向他解釋了情況，這一晚由一個惡夢變成大團圓結局。我工作完畢後急不及待和其他 Four Steps 的成員見面。在綵排了幾日後，就正式在 Firecracker 一起演出。

我從前在灣仔酒吧玩音樂時已經和他們認識，所以很容易、很自然地便融入了 Roman & The Four Steps。雖然我們以前並不是同一支樂隊，但演出場地相鄰，我們經常聊天、講笑話和交流音樂。灣仔酒吧的生涯是一星期七晚，每晚彈七至八小時，密集式的演出，磨練了我們的技術，亦增長了音樂的知識。

辛苦之餘，灣仔酒吧的生涯亦有開心時光，年青人之間互相調侃外，大家也真誠分享喜歡的音樂，討論樂曲的彈奏，慢慢亦建立起友誼，像一個大家庭一樣。玩得出色的很快便「畢業」──即被挖角到更高級的夜總會。

我加入到 Roman & The Four Steps 時，他們都同意而且好像是自然不過的事情。除了 Ronald，該隊成員包括 Roman Tam（主音）、George Fung（主音／結他）、Danny So（不是蓮花樂隊那一位）和 Vinton Fong（鼓）。我唯一適應不了的是他們平時演唱的 bubblegum music，我告訴自己，在適當的時候我一定會引導他們走到我的音樂世界。

命運真是很奇妙，我從沒想到這個神奇的晚上，可以讓我在往後一兩年的日子跟 Roman & The Four Steps 的幾位好朋友，走過一段人生之中最精彩的音樂歷程。

2002 年探望 Roman 的時候，我們談起有趣的往事和種種巧合，捧腹大笑，笑得肚子痛了幾天。Roman 雖然離開了，但他永遠是我心目中的好友。George、Danny、Vinton 和我仍希望有朝一日，大家退休後再一起玩音樂。這就是音樂的力量。

Roman & The Four Steps 是何時和為何解散的呢？

要回答這條問題，先要帶大家回到 1969 年的總統酒店。

我們在總統酒店 Firecracker 表演期間，有一間叫 Glo-Go 的新 club 邀請我們過檔。我們很快便答應了，主要原因是那邊的報酬比較理想，而且大家都想試試新環境。

進駐 Glo-Go 後，我開始遊說其他隊員玩更 hard rock 和迷幻的前衛音樂。我們試過在表演中演奏 Iron Butterfly 的〈In a Gada Da Vida〉（按： Iron Butterfuly 是第一支灌錄一首長達一整面唱片的歌的搖滾樂隊），到後來在 Purple Onion 更玩超過 15 分鐘以上的加長版本，據我所知，當時香港 band 壇從來沒有人試過。同時我也開始實驗性質地寫歌詞和作曲，但未能成功。

經過努力、時間的磨練，再加上我們對音樂的熱愛，大家都明顯感覺進步了。除了在 Glo-Go 的表演，Roman 安排了我們上電視節目《Star Show》，日間也偶爾彈一些 party 舞會之類。我們越來越多人認識，亦變得越來越忙。

過了幾個月，Purple Onion 的經理希望我們和 Glo-Go 完約之後可以加盟，而且開出十分可觀的報酬。我們坦白的告訴 Glo-Go 經理，他們遂決定不和我們

續約。意想不到地，居然有不少舊觀眾轉到 Purple Onion 來看我們演出。

六十年代的夾 band 生涯表面上光輝燦爛，實際背後工作繁多，令人疲憊。我們一星期七晚都要在 Purple Onion 表演，每星期更要兩次綵排、練習和學習新的樂曲。此外要上電視節目和彈 party 舞會，這些日子忙得不可開交，為了我們的表演生涯，大家都付出不少代價。

雖然我們很年輕，又充滿活力，但我都看見自己和其他人，有時會無緣無故發脾氣。我不明所以，但很明顯這是壓力過大的先兆，有時真的很累、好像站在邊緣一樣。我像煙囪一樣抽煙、靠灌咖啡濃茶來提神。這樣的生活敲響了警鐘，但那時的 Roman & The Four Steps 正站在事業的高峰，沒人想到樂隊正步入結束。

和 Purple Onion 的半年合約到 1970 年便屆滿，大家覺得是時候再討論續約和樂隊去向的事宜。Roman & The Four Steps 已經有了點名氣，對於續約，我們充滿信心面並深信可以要求更高的報酬。但單單是金錢滿足不了我。

在灣仔開始七天無休的工作生涯時，我已經告訴自己，希望有朝一日可以改

變。雖然我熱愛音樂，但這樣的生活真的不是人幹的。另一方面，我覺得要成為一位稱得上專業的音樂人，應該得到所謂專業人士應有的尊重，好像其他的專業一樣，最低限度每星期也要有一天的休息日。

要求休息日是從來沒有人做過的事。一隊替華人老闆打工的華人樂隊要求有休息日？這項要求在六十年代簡直是革命！後來我們發覺這件事對新晉樂隊也有好處，讓他們在我們的休息日表演，是一個增加經驗和發展所長的好機會。大家聽到我的想法時，有不同的反應，最緊張的是 Danny。

或者先講講我對每位 Roman & The Four Steps 成員的個人觀感才說他們對這件事的反應。

先說 George Fung 吧，因為他是樂隊背後的動力。雖然 Roman 是 band leader，每逢有任何重大的決定，Roman 一定會尋求 George 的意見。Roman 和 George 相識多年，我們大家都知道他們的友好關係，不會爭風吃醋。

George 是一個比較沉默和心思細密的人。他擁有我們缺乏的 common sense，是一個有條不紊、有邏輯的人。George 是天生的領袖，他的決定通常都是正確的。

George 又是隊中最勤力的一員，通常決定一首歌之後，各人音樂方面的安排都是 George 負責的，尤其是和音部分。每次綵排 George 都會預先準備好，Roman 已經算是很克己的人，偶爾也要靠 George 的。基本上，我從未見過 George 會毫無準備就出席表演或綵排的。

George 是香港其中一位最出色的結他手。他難得一見的結他 solo，是多麼的棒和恰到好處。我說難得一見的 solo，因為他是一位好隊友，他的演奏永遠以整體合作先行，從不喧賓奪主。每個人或多或少總會喜歡 show off 自己，George 是專業的音樂人，例如當 Roman 唱歌時，他的結他永遠都在背後恰當的襯托起 Roman 的歌聲。George 的確是一流的結他手。

George 聽到我有關報酬和休息日的提議時，我看到他面露淺笑，然後他說要考慮一下。這是個好兆頭，他肯花時間去想就表示他覺得這是值得考慮的。過了幾天，他表示贊成。

Roman Tam，是天生的表演者，我們的皇帝（Emperor）。

Roman，毋須多說，是一位優秀的歌手。他從小便學習戲曲，戲曲的訓練嚴謹，對他日後唱流行曲有莫大的幫助。最明顯不過便是聲線的運用，Roman 可以連續演唱三個小時也不會失聲。

Roman（右）與結他手 George
相知多年，是樂隊的核心人物。

Ronald 退出，
Willy Han（右一）補上其位置。

Roman 運氣技巧高超，可以連續的震音。

Roman 是出眾的表演者。他是天生的巨星、獨一無二、注定要站在人群之上。Roman 的傑出某程度上是因為他是一位完美主義者。除了音樂上追求極致，他對於自己的儀表形象也有相當高的要求。

試過無數次，他因為服飾上的小污點或皺紋，堅持要更換才出場。雖然我們幾乎完全看不到他說的污點或皺紋，但無可奈何之下，都要等他換上另一套完美無暇的服飾。日子久了，我們對他的行徑已經習以為常。

此外，他對於表演時的收放，有着與生俱來的直覺，不愧是天生的表演者。

Roman 心底裏其實是一位害羞、內向和謙虛的人，正正因為這樣，有時令人誤會他有點冷漠和傲慢。除非是極親密的友好，Roman 甚少社交應酬。有時工作完畢，我會和 Danny、Vinton 一起

吃晚飯，Roman 多數都不會出席。直到有一天，他介紹一位女孩子當我們的服飾顧問，我才知道原來 Roman 已經有女朋友。我從見面的第一眼開始，已經被這位眼大大的女孩子所吸引，可惜她已是 Roman 的女朋友呢。

相信 Roman 謙虛的個性跟他的音樂是息息相關的。當一個人在某一範疇認識越深，這個人就會變得越謙虛，因為他明白到自己有所不足，才可以更進一步。就是 Roman 對藝術完美的追求，令他變得謙虛。Roman 學習唱歌孜孜不倦，他是我認識的人當中最謙虛的一個，我甚至從未聽過他讚自己唱得好的。他會說笑的讚自己的服飾或者笑說自己是我們當中最英俊的，但他從不自吹自擂自己的歌藝。Roman 會耐心聆聽和接納對他的批評，他絕對是一位非凡的人。

Roman 是我們的「皇帝」（Emperor）。我們封 Roman 這個稱號是因為他就好像大哥哥一樣照顧我們。

有次不知何故，Danny 和 Vinton 決定比賽誰人先入睡。我們知道後，對他們瘋狂的行徑捧腹大笑，不禁說了一大堆當時流行的髒話。起初還以為他們只是鬧着玩，到第三日的時候，他們帶着黑眼圈來工作，幾乎連樂器也彈不了。放工後 Roman 給他們嚴重的警告，且另有懲罰。

Willy Han（右）跟 George 在台上表演。

過了幾日他們「復原」之後，Roman 罰他們當僕人，例如要幫他斟飲品、取鞋、穿衣等等，見到 Roman 的時候要低頭說「皇上萬歲」，Roman 會向他們說「平身」，直到 Roman 認為他們得到教訓才放他們一馬。在此之前，Roman 已宣告他們鬥快睡覺的比賽打成平手。當晚 George 和我笑得眼淚也流下來，現在我們談起這段往事也不禁大笑。自此我們都稱呼 Roman 為「皇上」，尤其是有求於他的時候。

Roman 是一個心地善良的好人。我們當中若有任何人有麻煩，他總是願意伸出援手。我是一個理財很差的人，有時未到出糧的日子便花光了錢，每次都是靠 Roman 救濟。當我感情生活有阻滯或者失戀時，Roman 很樂意做我的聽眾和安慰我。Roman 照顧我們一切，努力的為我們爭取表演和上電視節目的機會。

不過我們也有不滿 Roman 的時候，我們會故意稱呼他為「痰罐」。他每次聽到我們叫他「痰罐」就會抓狂，然後強迫我們向他叩頭。回想起來，那段日子真的充滿歡笑。

2002 年，我知道 Roman 患上肝癌的時候，我不知道應否返香港探望他。1973 年我隨家人移民到美國，就沒有再回來香港了，亦從沒打算回來。有次 Roman 到芝加哥表演，我特意去看他。我們每年也會互相寄聖誕卡給對方。其他成員間中也和我通電話的，所以沒有什麼誘因要我再踏足香港這片土地。

最後我想起 Roman 的這個人，他是這個弱肉強食的世界中閃耀的寶石，我決定回香港看他。原因並非 Roman 是天王巨星，甚至並非純粹因為我們的友誼，而是我打從心底裏欣賞 Roman 這個人的特質。

和 Roman 重逢的那一個星期是美好的，我們一起笑談往事，不亦樂乎。回程的時候，我覺得自己很慶幸可以認識 Roman，我心裏默禱祝福，希望他有一個好的旅程，有朝一日我們在天堂相遇再一起玩音樂。

樂隊的表演生涯，五光十色。

我在 2002 年 5 月探望 Roman，同年 10 月他便離世。

說得太遠了，返回 1970 年，Roman 知道我打算要求更多報酬和休息日時，認為這是不可行的。到 George 表示同意我的想法後，Roman 才勉為其難的接受，但他堅持要由其他人向經理提出這些要求，我告訴 Roman 我很樂意去做。

Danny 是我們親愛的隊友，一個多才多藝的音樂人。Danny 外表英俊，充滿魅力，迷倒不少女性。他是一位風趣的人，無論遇到任何困境危難，你會發現他仍然保持樂觀正面，不時說鼓勵的話。

Danny 是極有才華的琴鍵手，彈奏任何樂曲都能夠勝任有餘，但他卻極為「花心」：同時又喜彈結他和打鼓。打鼓以外，Danny 亦很認真的學習吹色士風和長笛，為我們樂隊的音樂加入不少新元素。我覺得他吹長笛最出色，而且很配合我們樂隊的音樂風格。

Danny 聽取我提出的加薪和休息日意見後，二話不說就同意了。

Vinton Fong 是樂隊中的鼓手，也是我音樂上的心靈伙伴。打鼓是 Vinton 人生中唯一的嗜好。Vinton 是一名厲害的鼓手，他可以輕輕鬆鬆地打但仍然能夠維持鼓聲的勁道和張力，這需要高明的技術和控制技巧。Vinton 也是一名好隊友，努力提升整隊樂隊的音樂。儘管他的 drum solo 相當優秀，他亦不會刻意 show off 搶風頭。Vinton 可以稱得上是真正的音樂人。

我們四人走在一起，可以在 Purple Onion 連續 jam（即興演奏）幾小時音樂。

我曾經在 YouTube 看過一段 Eric Clapton 的訪問。他說有一日，Jack Bruce（低音結他手）邀請他去 Ginger Baker（鼓手）的家中玩音樂，這是他們第一次一起玩音樂，一玩便連續兩小時多。完結後 Eric Clapton 對他們說："I knew right then we had a band"，這就是樂隊 Cream 的開始。

我們當然不能和 Cream 的級數相比，但當我們走在一起的時候，I knew we had a band。「Jam 歌」是和隊友們的一種音樂聯繫，感覺美妙，可惜我們只能夠在打烊或者沒客人的時候才可以自由地「Jam 歌」，所以很少有人聽過。「Jam 歌」亦種下我和管理層不和的禍根，因為我常常唆擺他們一同「Jam

歌」，但管理層並不喜歡我們這種前衛的音樂風格。

作為低音結他手，音樂上和鼓手是緊密的一伙。通常由他帶起音樂的節拍，而我就是節拍和旋律之間的橋樑，我們隨着節奏連繫起來。有時就算只得 Vinton 和我兩人，也會「Jam 歌」。

Vinton 是一個認真的音樂人，但他本人十分隨和，有時甚至隨得過份。當他知道我的想法後，便表示會跟隨大家的決定。典型 Vinton 一貫隨和的作風。

在那決定性的一晚，我們五人一條心走進經理房。老闆和大股東開始談判合約的事，談到條件時，Roman 將發言權給了我，我開始向他們陳述那休假日的要求。

突然之間，全部人靜了下來。過了一陣子，經理打破沉默，表示希望我們可以用金錢代替假期，但我們一口拒絕了。老闆和經理走出了房間私下商議，丟下我們幾個在房間等候，那漫長的等待感覺就像一輩子一樣。他們回來的時候，終於答應了我們的要求。我留意到經理面上帶着陰霾的眼神，冷酷地看着我。We got our day off！我們勝利了！

我仍記得那休息日來到時，我整天都在睡覺。我完全進入昏睡的狀態，睡醒了起床吃點東西，然後再回房抱頭大睡。媽媽不斷的走進來打擾我，因為她從未

見過我睡那麼久又不去工作。我重複的向她解釋我在放假，請我有安靜的一天呀！睡覺真是太美好的事。

我們是勝了這一役，但其實是我打輸了仗。到合約完結時，管理層把我開除了。可能我在他們的眼中已經成為一名危險分子，他們也一直不滿我引導樂隊走向前衛路線。

我離開之後，有另一位色士風手加入，George 則取代我低音結他的位置。當那位新隊員病了或者不在香港時，他們會叫我回來暫代。直到 1971 年合約完結時，Roman & The Four Steps 正式解散，大家各散東西。

為什麼樂隊會解散？我不知道。

我相信最主要有兩個原因。第一個原因是我們一起的音樂生命已經不再存在。第二個原因，我個人認為是更主要的，音樂給我們帶來名與利，但這樣出來的音樂是脆弱的。膚淺的音樂生命容易破碎，因為根本欠缺意義。為名利而產生的音樂缺乏靈魂，缺乏觸動人深處的東西，最終不會長久，最後導致大家分離。

其後，我回到校園完成中學課程，在鑽石唱片公司兼職彈 bass，另外為賺錢加入過一隊叫 Man 的樂隊。之後我考入遠東飛行學校讀飛機工程，和我的女朋友訂婚。在我完成課程和結婚前，我

舉家移民到了美國，開始我人生的全新一頁。

Roman 轉做個人歌手發展，成為了大家耳熟能詳的巨星——羅文。George 移民到了美國，在三藩市定居。Danny 從事金融投資買賣，工餘時間仍繼續玩音樂。 Vinton 原本到日本升學，最後留在香港打鼓。

1973 年，我在伊利諾伊州的大學畢業。我從事 programmer/analyst，住在美國伊利諾伊州（Illinois）一個叫伍德理奇（Woodridge）的地方，距離芝加哥大概三十公里。我現在是播道會的音樂團隊 Act of God（www.actofgod.us）的領隊。我結了婚，育有兩名子女。

在空餘的時間，我除了熱衷玩電腦遊戲之外，也練習古典結他，我正在學彈巴哈但請不要笑我。我喜歡古典結他的小巧，方便携帶，用來作曲最好不過。My LITTLE PIANO（我的小鋼琴）。

Willy（中）現身處美國，閒來會跟友人一起彈奏音樂。

生命有喜有悲，尋尋覓覓之下我總算找到自己音樂的道路。
在機會的話，
我會再告訴你我去到美國之後為何放棄音樂，
之後結婚、為人父母、歸信耶穌再重新找到音樂的意義。
一切一切都是從六十年代香港的音樂開始。
That will be a long story。◎

憶 記 追 星 的 日 子

訪 Joe Jr. 歌迷

MARIANNE[1]

之前的章節已介紹了不少六十年代樂隊，要了解六十年代的音樂文化，
除了認識這些樂隊、聽他們的音樂，最直截了當就是聆聽那一代人的經歷。
Marianne 是六十年長大的「書院女」，打電話點唱、聽 Pop Show、
買流行音樂雜誌和唱片，跟其他戰後長大新生代一樣，崇尚摩登文化。
雖然是半個世紀前的事，Marianne 對這些經歷仍是記憶猶新，
更難得是她仍然完好保存了當年的偶像簽名照片和剪報。
現在就讓我們從 Marianne 這位六十年代樂迷的角度，
一起去經歷這段流行音樂的歷史故事。

1. 本篇訪問以電郵形式進行，內文經作者刪節。

受訪者　　Marianne，Joe Junior 忠實粉絲
訪問日期　2014-01-27

你是聽什麼音樂長大的？如何開始接觸歐西流行曲？

記得大約1959年，我有了一個屬於「自己」的手提原子粒收音機，當時我只有七八歲，能擁有私人收音機，不知多少人羨慕呢。這小東西陪伴了我小學時的生活，一直到 1965 年左右。那時我最愛聽天空小說和時代曲，到了五六年級時，因為改讀下午班，我就在早上收聽商業電台的國粵語時代曲點唱節目。

若你問我那時候有否聽所謂的「歐西流行曲」？少許吧。我五六歲時小姨在中華百貨公司唱片部工作，她什麼英文歌都會唱，也教我唱。我不懂英文，但是「口噏噏」也唱得似模似樣。我最會唱 Doris Day 的〈Seven Lonely Days〉和 Patty Page 的〈Changing Partners〉，記憶中還有 The Platters 的〈Smoke Gets in Your Eyes〉。這些歌曲也令我想起小姨和她的男朋友 slow danced 的時候，我總喜歡站在

他們中間「剝花生」。約 1959 至 60年，我家安裝了麗的有線電視，我記得外公在週末晚上一定叫我陪他收看 Mantovani 樂隊的節目。

外公十分西化，但外婆和媽媽、姨母等女眷不諳英語，加上她們解放前曾在廣州做過粵劇，所以我們會經常去看大戲，特別是任白的演出。我也喜歡聽她們的粵曲，但其他粵曲就沒有什麼興趣了。當時我們總是有點偏見，覺得只有任白才是「入流」的。

五六十年代香港能接觸到的西方音樂，最初大部分也局限於英文電台所播放的古典音樂，較多是流行輕音樂，也有本土歌星如江玲、潘迪華、方逸華等，以及一些菲律賓人組成的樂隊，他們在西式夜總會演出，俗語叫「洋琴佬」。但這種娛樂絕不是普通人付擔得起和懂得

欣賞的。也有些青年人較西化，會唱些 Pat Boone、Patty Page、Doris Day、The Platters 等「斯斯文文」的英文歌。後來有了「貓王」Elvis Presley 之類的 Rock n Roll 歌曲或所謂「搖擺樂」，歌者的前衛衣着、髮型、舞蹈和舉動，吸引了部分青年模仿，但都被長一輩的或衛道之士叫作「飛仔」或「飛女」。所以一般中國家庭都不鼓勵孩子聽這些音樂。我覺得英文歌曲在這段時期不算很流行，主要是以上的原因。

六十年代中似乎是流行曲的轉捩點。

我覺得接着幾年，同我年紀相若的一群都一起長大了；加上內地的政治因素，「大躍進」後期更多內地人逃到香港，當中都是年輕人居多。1964、65 年間，一些家中經濟許可的都讓孩子上中學了，不許可的也開始出來做工幫補家計。香港經濟開始繁榮，工廠多得如雨後春筍，聘請了不少年青人，特別是女孩子。由於學生和工廠工人的教育和經濟背景不同，加以殖民時代的西化環境及階級偏見很普遍，形成了一種知識分子和所謂「書院仔，書院女」的優越感，覺得中文的 pop culture 是比較屬於低層人士或老一代的人的，追不上潮流。書院仔女們在學校多學英語，校方又鼓勵甚至指定學生要多講英語，所以很自然會多接觸英語為主要語言的娛樂，如電影及音樂等。我們很多同年紀的都是從這時期開始接受西方流行文化的洗禮。

我在 1964 年升中前，在一個英文老師家中偶然聽了一些 Cliff Richard 的歌，記憶中是《Summer Holiday》的電影主題曲。我覺得很新鮮和悅耳，這個暑假我很興奮，經常留意什麼電台有這些歌曲，從此改變了我少年的生活。

The Beatles 在 1964 年到訪香港後，真是帶動了整個潮流。Beatles 的崛起，轟動西方社會，所到之處，都吸引不少少女少年，瘋狂尖叫又破壞保安，加上長髮披肩，保守人士覺得他們不修邊幅，十分討厭。香港這個英國殖民地，華洋雜處，很快就被這股西洋風吹遍了。與此同時，電台的英文音樂也有革新。香港電台的 Ray Cordeiro 早幾年已經開始播放很多歐美青年喜愛的 hit song，又加上他帶動了非常受歡迎的英語流行曲點唱節目，其它如商台也加入，於是不少中學生放學後的娛樂就是收聽電台的歐西流行曲。那時的歌大部分是英國的，所謂「British Invasion」。如 Beatles、Manfred Mann、Peter and Gordon、Herman's Hermits、Rolling Stones、Animals、Jerry and the Pacemakers 等。自這個時間開始，我的手提原子粒收音機就日夜開個不停，就算去洗澡都帶着它。

只要有流行樂隊到港，歌迷便會出現在酒店和演出場地，最先多是外國年青人，跟着越來越多本地的男女孩子加入行列。他們大部分是英文書院學

着用自己零用錢買的唱片。我和外祖父母住，我的外公也很洋化，他在澳洲出生，但他是「只許州官放火，不許百姓點燈」。他很憎恨那些飛仔歌，特別是「狂人樂隊」（即 Beatles）。他絕不容許我們穿着所謂的奇裝異服，也不准我在他回家後收聽流行曲，所以擁有私人的小唱機是聽 hit song 的必備工具。我會帶着耳筒邊聽邊做功課，真是寫意。自此以後，我的零用錢差不多都花在買唱片上。當時最愛去荷里活道附近的街邊唱片檔，價錢比較便宜，選擇也多，多數是賣外國唱片，後來當然也有香港流行樂隊的。價錢方面就不大記得了，大概十幾元一張 LP，幾元一張 45 轉的 EP。

另外我也用零用錢買大量的所謂「明星相」和音樂報章雜誌。明星相只買 Cliff Richard 的，通常是下課回家路上，經過中環士丹利街的樓梯底檔口買，好像是幾毛錢一張吧。至於歌集我有買《OK Hit Song》和《Hit Parade》，還有買英國的流行歌曲雜誌和美國的《Seventeen》等，主要是在中環皇后戲院側邊的外國雜誌書檔。當然少不了本地的英文報章《Star》等。

由於這些外國樂隊的歌曲很受青年歡迎，不少女孩子例如我都做了「粉絲」，男孩子就學習樂器「夾 band」彈唱他們的音樂。這些都是當時書院仔女熱衷的玩意。當然也有些同學對這些玩意沒興趣，又或者偶爾聽聽而已。

生。我和一個女同學也去了一次。記憶中是 Herman's Hermits 路過香港，住在彌敦道的總統酒店。我們知道後便瞞着家人去到酒店等候。他們住的是酒店的 penthouse，電梯是不能直達的。我們到達時已經有不少女孩子在樓梯口等候，大部分都是外國人，中國人只佔少數。可惜等了許久只見到一個樂隊成員經過，而我們最心儀的 Herman（Peter Noone）卻一直沒有出現。我們失望極了，但這次活動我至今都沒有忘記。幸運的是在 2006 年，我終於在多倫多看到他的演出。在請他給我在紀念品上簽名留念時，我告訴他我四十年前等不到他，四十年後終於實現了。

我 1964 年升中試後，轉到一間天主教女書院就讀，到了快要升中二時，我儲蓄了足夠的錢，買了一部手提的收音 / 電唱機，這樣我就毋須再坐在客廳使用家中的大 hi-fi，可以日夜躲在房間裏聽

幾時開始收聽本地的樂隊和歌手呢？
可否說說當時本地 Pop Scene 的情況？

這時候越來越多機會聽本地樂隊的音樂。原本五十年代末至六十年代初也有些如岑南羚、Kontinentals 等，但Beatles 的出現興起了樂隊熱潮。很多本來只是在夜總會和酒吧演唱的，都得到電台節目如 Ray Cordeiro 的《Lucky Dip》邀請到現場作直播表演，並且開始灌錄唱片，使聽眾可以在電台音樂節目收聽和點唱他們的歌，如 Uncle Ray 的《From Me to You》，還有商台的 Mike Souza、Tony Orchez、Bob Williams 等的節目，中文台又有詹小萍、嘉年等，樂迷可以一個星期七天都收聽不同的節目，好不熱鬧。那時以 Teddy Robbin and The Playboys、The Lotus、Joe Junior and the Side-Effects、Danny Diaz、Anders Nelsson、Michael Remedios 等等最受歡迎了。大部分時間他們都唱外國的歌，但是間中也有唱自己創作的。

這時我和朋友們又多了好玩的娛樂。主要是到大會堂看《Lucky Dip》節目直播。這是個十分精彩的節目，因為有最紅的樂隊和歌手現場演唱。由於時間不夠，我和同學朋友們多數要放學後直接由學校趕去，校服都趕不及換。由於我們情緒高漲時會高聲尖叫，又愛在散場後去後台的門口等偶像出來索取簽名，所以我們要小心關注周圍，不能讓記者

DJ Bob Williams 給 Marianne 的親筆簽名照。

拍到我們穿着校服的照片。真是又好玩又刺激。

那段日子，另一些玩意是寫信去點唱節目點唱，打電話跟電台 DJ 談天或者去電台看他們，還有是打電話去直播節目點唱。我和同學們都有用別名做這類事情，因為我們擔心一旦學校裏的人知道了會遭受處分。和我最熟絡的是商台 DJ Bob Williams。我和朋友每個星期六晚十一點後會聽他的《Green Spot Show》。這個節目的特色是聽眾會打電話和 Bob Williams 談天，他很風趣，時常特意講些說話「激死人」。如果他知道你是 Cliff Richard 的粉絲，他便講些 Cliff 的壞話，然後稱讚 Elvis Presley 有多好。又會給我們改「花名」，例如他叫自己 Papa Bear，我們是 Mama Bear、Baby Bear 之類。我們也送禮物給他，會親自送到又一村的商台，最記得有一次我朋友送他一隻活雞，放在

雞籠裏。還有是他有些節目是專門播放美國 Motown、Soul 之類的歌，還有一個節目專門播放夏威夷音樂的，我都有收聽，雖然我一直都不喜歡 Motown 和 Soul，但因為聽得多，所以也有些認識。

六十年代後期，由於外國受越戰和嬉皮士文化的影響，有一個時期興起民歌（Folk Rock）潮流。中學裏都出現了不少民歌樂隊，大家爭唱這些鼓吹反戰、和平、自由，簡樸但旋律優美的歌曲，例如 Peter, Paul and Mary、Joan Baez、John Denver、Bob Dylan 的作品，其中很成功並且變成年青人偶像的也不少，例如瑪利諾書院的陳美齡（Agnes Chan），一曲自彈自唱的〈Circle Game〉家喻戶曉，後來更去了日本發展。

你當時最喜歡的歌手和樂隊有哪些？

六十年代末本地英文流行曲開始進入較為平靜的時期了。不少當年的樂隊相繼解散，很多本來是樂迷的中學生，畢業後很多選擇去外國留學或出來社會做事，有些則在港升讀大專院校，沒時間關注這些音樂了。加上潮流開始改變，中文電視台的劇集主題曲夠大眾化，也無語言隔膜，廣東歌熱潮遂乘時掀起，

又有台灣流行曲和歌星在夜總會長駐演唱，年青人又轉聽國語歌，什麼〈啼笑因緣〉、〈月兒像檸檬〉、〈水長流〉等，聽英文歌又再變成比較冷門的選擇。那時我也愛聽電視台的劇集主題曲。但總覺得那些台灣流行曲很老套，特別是在夜總會唱的那些，好像是給那些「生意佬」聽的，覺得較庸俗。

請談一談你的偶像 Joe Junior。
有沒有什麼難忘的經歷和回憶可以分享一下？

我留意 Joe Junior，大概是在電台的點唱節目吧。那時還是用 Zoundcrackers 的名字。（後來解散，改為 Joe Junior & The Side-Effects）他們的歌都很悅耳，例如〈Once Upon A Time〉。Joe Junior 是 lead singer，自然多些人記得。此外他也愛唱很多 Cliff Richard 的歌。所謂愛屋及烏，我很自然地喜歡他。後來在《Lucky Dip》節目看到真人演唱，覺得他很 cute，也沒有其他如 Samuel Hui 等狂野，所以每次去看 show 都主要是看他。最難忘是 1967 年的「最受歡迎歌曲選舉得獎者演唱會」（確實名字忘記了，好像是由《星報》舉辦的），地點是大會堂的演奏廳，Joe Junior & The Side-Effects 的〈Here's a Heart〉得到冠軍，出場時真的很威風，台上放置了一個白色的三腳大鋼琴，隨着琴聲他出場，所有「粉絲」，當然包括我，立即從座位站起來，尖聲高叫：「Joe！Joe！」掌聲電動，成為當晚的節目高潮，也成為我少年時的一段難忘時刻。

回想起來，當年我們還是十四五歲，生活在相當保守的家庭和教會學校環境。但是為了支持自己的偶像，以及得到一些自己喜愛的娛樂，就大着膽子，冒着會被學校查出而受罰的危險，又改名換姓，又閃閃縮縮的避過記者的攝影機，

Joe Junior & The Side-Effects 曾經風靡不少樂迷。

有些人更會去朋友家中先更換潮流衣物，這一切值得嗎？答案當然是 YES 啦！

唯一一樣沒有做過很多的是參加週末的 Tea Dance，那是當時的夜總會利用白天沒有活動的時間，開放地點給薄有名氣的樂隊在週末下午時間表演，歌迷付了入場費，就可以看偶像演唱，也可以跳舞及享用茶點。原本也不是什麼壞風氣，但由於 Tea Dance 這名稱在當時及五十年代又叫做「跳茶舞」，這個遂不幸被人批評為「飛仔飛女」的娛樂。所以我們不敢去，主要是怕家人知道會誤會。

好景不常，轉眼便要升讀 Form 5，忙着預備參加會考了。那時《Luck Dip》也沒有現場直播了，我天天勤力溫習，開始減少聽收音機了。又有了無綫電視，娛樂也多了。也不明白這段美好時光怎麼慢慢消失了。現在我偶然聽到 Peter, Paul and Mary 那首〈Puff the Magic Dragon〉，我都會聯想到當年

我們也像 Jackie Paper[1] 一樣長大了，有新的喜愛和新的生活。但一些難忘的光影片段是永遠離不開的。

1974 年我去了美國。到世紀末，我總共看過 Joe Junior 兩次。第一次好像是 1982 年。我回港探親，住在尖沙嘴新世界酒店，旁邊有海城夜總會，樓下有家餐廳，一個晚上我抱着一歲的女兒經過，隱約聽到一把很熟悉的歌聲。我在門口停下來往裏邊望，原來是阿 Joe 在唱歌，有個小小的舞台和幾個人的樂隊。食客們都吃着東西，沒幾人是留心欣賞的。我想起他以前的風光日子，傷心得眼淚都流出來，不忍再看下去，我離開了。

第二次大概是 1986 年，我又在香港。有朋友說：「你咁喜歡 Joe Junior，我帶你去荷里活酒廊。」這次我和老公、女兒及朋友一起去看他。我給他紙條，點唱他的〈Here's a Heart〉，還告訴他我專程來看他。這次我的心情好些，還跟他寒暄了幾句。

---

1. 〈Puff The Magic Dragon〉是組合 Peter, Paul & Mary 在 1963 年的單曲，歌詞描述男孩 Jackie Paper 和他小時候的玩伴 Puff 的故事。Puff 是長生不老的魔龍，Jackie 長大後對兒時嚮往的魔幻歷險不再感興趣，剩下孤獨沮喪的 Puff。

Joe Junior, below, Diamond recording star, likes St Valentine's Day because it's a good opportunity for girls and boys to make new friends.
"It's also a time when you can remember your close friends," he said.
Joe says he won't be sending many cards this year, but he is expecting to receive St Valentine's Day cards from close friends overseas.

當年《South China Morning Post》刊登了 Joe Jr. 拿着 Marianne 親手製作的心形枕頭的照片（左圖）。四十年後，Marianne 再造一個心形枕頭送給自己的偶像。（右圖）

相隔四十載的 Joe Jr. 簽名，留意紀念冊右頁上的毛髮是當年從 Joe 頭上扯下來的，當年歌迷的瘋狂和熱情可見一斑。

2006 年秋冬，我的好友說：「Joe Junior 會來多倫多表演了，你要不要來看？」她是我當年點唱看 show 的死黨，我說：「當然要啊。我們一起重溫舊夢。」我們又是一家三口專程坐飛機由西雅圖去到多倫多。我去之前特意把紀念冊拿出來，找到他的簽名，還有幾條頭髮是當年從他頭上扯下來的，還有幾張當年《South China Morning Post》拍下他拿着我送給他的一個心形枕頭的照片。我用了幾天時間，又造了一個新的心形枕頭給他，上面有縫着當年他拿着心的照片，不過今次這個心有點不同，就是刺繡着「四十年不變」這幾個字。

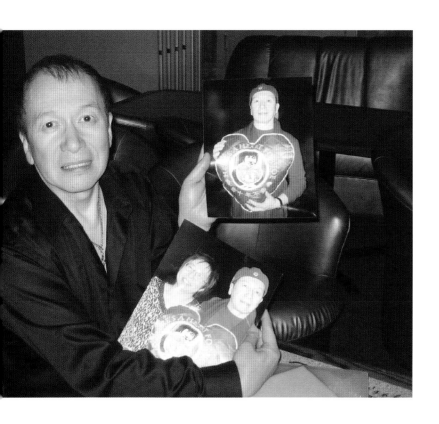

在演唱會綵排時，我們去參觀了。心情
跟四十年前一樣興奮。他再次在我的紀
念冊上簽了名字，但我看見他稀少的頭
髮，也不好意思再拔一根下來了。

那年我已經 56 歲，不好意思跑上台上
送他那個心。倒是我女兒說她不怕，結
果這任務便交給她了。後來我在電視看

到他的訪問，他把那個心形枕頭都帶出
鏡了。還有一個朋友說她在接着的一個
Joe Junior 演唱會上也看到呢！

這就是我記得的六十年代情況了。◉

港式西洋風
六十年代香港樂隊潮流

李信佳 著

責任編輯　梁卓倫
裝幀設計　明志
印務　　　劉漢舉

出版　中華書局（香港）有限公司
香港北角英皇道 499 號北角工業大廈 1 樓 B
電話：（852）2137 2338　傳真：（852）2713 8202
電子郵件：Info@chunghwabook.com.hk
網址：http://www.chunghwabook.com.hk

發行　香港聯合書刊物流有限公司
香港新界大埔汀麗路 36 號
中華商務印刷大廈 3 字樓
電話：（852）2150 2100　傳真：（852）2407 3062
電子郵件：info@suplogistics.com.hk

印刷　美雅印刷製本有限公司
香港觀塘榮業街 6 號海濱工業大廈 4 樓 A 室

版次　2016 年 4 月初版
　　　©2016 中華書局（香港）有限公司

規格　特 16 開（240mm X 170mm）

ISBN　978-988-8366-42-2